Georg Bauer

Die Magie der inneren Mitte

Georg Bauer

DIE MAGIE DER INNEREN MITTE

Einführung in die Praxis der Atemmeditation

Die Magie der inneren Mitte
Einführung in die Praxis der Atemmeditation
2023 © Georg Bauer
Umschlagbild © Georg Bauer
www.georgbauer.info
contact@georgbauer.info
Alle Rechte vorbehalten

ISBN 978-3-347-27193-7

Druck, Vertrieb & Impressumsservice
im Auftrag des Autors:
tredition GmbH
Heinz-Beusen-Stieg 5
22926 Ahrensburg

Inhalt

Für Annette, die mir
nach meinem Aufwachen
als erster Mensch mit
Verständnis begegnet ist.

VORWORT

Als lebendiges Wesen habe ich einen Körper und einen Geist. Und ebenso wie mein Körper, so hat auch mein Geist Bedürfnisse. Alle meine spirituellen Bedürfnisse gründen in der Sehnsucht meines Geistes nach Gemeinschaft. Wie jeder Mensch sehne ich mich nach Freundschaft und Liebe. Vielleicht aber sind gar manche meiner Beziehungen gestört, weil ich mit mir selbst nicht im Reinen bin. Mit anderen Worten: Mein Geist hat keine heilsame Verbindung zu meinem Herzen, da ich nicht in rechter Weise auf meine Gefühle achte.

Durch die Kraft der Meditation kann ich an meinem Herzen wieder heilwerden. Ich lerne, meine Gefühle bewusst wahrzunehmen und anzuerkennen. Ich fange an, mich zufrieden zu fühlen und mich selbst besser zu verstehen. Gleichzeitig werde ich wach für die Welt um mich herum. Ich beginne, hinter den äußeren Anschein und das oft oberflächliche Sein vieler meiner Mitmenschen zu schauen. Ich erfahre tiefgründige Einblicke in die wahre Wirklichkeit der Welt, deren Geheimnisse den allermeisten

Menschen häufig genug zeitlebens verborgen bleiben.

Dieses Verstehen geht sehr weit. Es ist im besten Sinne allumfassend. Ich befreie mich von meinen eigenen Vorstellungen ebenso wie von den Erwartungen anderer Menschen. Ich erfahre innere Freiheit. Ganz besonders wichtig ist dabei das Folgende: Da ich mich auf dem spirituellen Weg des Meditierens selbst wahrhaftig lieben lerne, vertieft sich auch mein liebevoller Blick auf meine Nächsten und die Welt, in der wir alle gemeinsam leben.

Hinter der Praxis des Meditierens steckt im Übrigen kein großes Geheimnis. Es ist eine einfache Methode, die alle Menschen unabhängig von Bildung, Vermögen, sozialer Herkunft, Religion oder Weltanschauung völlig kostenlos praktizieren können. Jeder kann sich den mystischen Weg des Meditierens erschließen.

Die eigentliche Magie hinter jeglicher Form von Meditation ist die geheimnisvolle Wirkkraft des Atems. Genauer gesagt, das Geheimnis des Meditierens ist das achtsame Atmen. Indem ich anfange, bewusst auf meinen Atem zu achten, nehme ich Rücksicht auf meine Gefühle. Ich entwickle innere Ruhe. Die ruhige Gelassenheit wiederum befreit meinen Geist dann allmählich aus den Fesseln des selbstbezogenen Denkens. So lerne ich durch meditatives Atmen, das Wesen meines Menschseins zu begreifen. Ich erkenne mehr und mehr die tiefen Zusammenhänge meines Daseins.

In diesem Buch möchte ich Dir, liebe Leserin, lieber Leser, ein wenig von dieser geheimnisvollen und heilsamen Kraft des achtsamen Atmens erzählen. Dabei bin ich mir bewusst, dass sich der Zauber des Meditierens eigentlich nicht in Worte fassen lässt. Er offenbart sich nicht in theoretischen Gedanken, sondern allein durch praktische Erfahrungen, die jeder Mensch nach und nach selbst machen muss. So ist dieses Buch in erster Linie eine Einladung an Dich, die Praxis des Meditierens einfach einmal auszuprobieren und die Magie der inneren Mitte auch in Deinem Leben zu entdecken.

Georg Bauer

EINLEITUNG

Eine wesentliche Methode gelebter Spiritualität ist die Meditation. Diese Praktik ist sehr einfach, wird allerdings häufig missverstanden. Vieles wird landläufig Meditation genannt, was eigentlich gar keine echte Meditation ist. Ein entscheidender Grund hierfür besteht sicherlich darin, dass es sich beim Meditieren um eine spirituelle Methode, das heißt um einen geistigen Vorgang handelt, der also nicht beobachtet werden kann, weshalb selbst unter Fachleuten mitunter falsche Vorstellungen von dieser Praxis verbreitet sind. Gewiss, ich kann einen Menschen beobachten, während dieser meditiert. Was ich dann jedoch sehe, ist nicht das Meditieren an sich, sondern einzig den meditierenden Menschen.

Die Meditationspraxis kann nur aufgrund von Erfahrungen mit Worten beschrieben werden. Wichtig sind dabei drei Fragen: Wie meditiere ich? Wie wirkt Meditation auf meinen Geist? Und worauf zielt mein Meditieren? Die Antworten auf diese Fragen folgen in der Regel bekannten Lehrtraditionen, die heutzutage meist dem Bereich des Buddhismus zuzuordnen sind. Das gilt allerdings nicht für die hier vorliegende Darstellung. Diese gründet sich in erster Linie auf meine persönlichen Erfahrungen, die mit einem ersten großen Aufwacherlebnis im Sommer 2011 ihren Anfang nahmen.

Es hat noch eine andere Ursache, weshalb das Meditieren häufig falsch verstanden wird. Dies hängt mit der Etymologie des Wortes *meditieren* zusammen. Um es gleich vorwegzunehmen, der Begriff *Meditation* steht in keinem Zusammenhang zum lateinischen Wort *medius*. Das Adjektiv *medius* bedeutet „in der Mitte befindlich". Im Gegensatz dazu leitet sich das Verb *meditieren* vom lateinischen *meditari* ab. Dieses meint so viel wie „nachdenken", „sinnend betrachten" oder auch „ermessen, geistig abmessen" (Dudenredaktion 2020).

Das Wort *meditieren* ist somit ein seltenes Beispiel dafür, dass Sprache gelegentlich einen Sachverhalt unzutreffend abbildet. Das ist insofern überraschend, als Sprache normalerweise äußerst genau ist. In diesem Fall stellen die Verben *nachdenken* oder *sinnen* die Tätigkeit des

Meditierens leider jedoch vollkommen falsch dar. Nur weil es für den Betrachter so aussieht und nur weil der Begriff irreführenderweise oft in diesem Sinnzusammenhang verwendet wird, handelt es sich beim Meditieren tatsächlich um keine Form des sinnenden Betrachtens oder geistigen Ermessens. Es wäre der völlig falsche Weg, wenn ich versuchen würde zu meditieren, indem ich anfange, über etwas nachzudenken. Auch geht es nicht darum, meinen Geist mit Gedankenübungen zu beschäftigen.

Um das Wort *meditieren* besser verstehen zu können, hilft die etymologisch falsche Herleitung vom Adjektiv *medius* eher weiter. *Medius* hat, wie gesagt, die Bedeutung „in der Mitte befindlich". Der Schlüsselbegriff zum Verständnis des Begriffs *Meditation* ist hier das Wort *Mitte*. Von einem Menschen, der aufgeregt ist, sagt der Volksmund zu Recht „er ist außer sich" oder „er steht neben sich". Von einem ausgeglichenen Menschen heißt es dagegen „er ruht in sich" oder „er ruht in seiner Mitte". Es ist dieser Zustand der inneren Ausgeglichenheit, den ich durch Meditation erreichen kann. Daher ist es sachlich wesentlich stimmiger, obgleich etymologisch falsch, den Begriff *meditieren* mit dem Wort *Mitte* zu erklären. Meditieren ist demnach eine Praktik, die mir hilft „in meine Mitte zu gelangen" oder „in meiner Mitte zu ruhen".

Keinesfalls handelt es sich beim Meditieren also um eine Art von esoterischem Hokuspokus. Auch mit Religion hat diese Praxis zunächst einmal nichts zu tun. Vielmehr ist es eine konkrete, praktische und eindeutige Methode, mit der sich ebenso konkrete, praktische und eindeutige Erfahrungen verbinden, gesetzt den Fall diese Methode wird richtig verstanden und entsprechend angewendet.

Einfach ausgedrückt geht es beim Meditieren darum, das Denken meines Geistes zu trainieren. Und dieses geistige Training sollte für mich ebenso selbstverständlich sein wie körperlicher Sport. Letztlich zielt Meditation schlicht und einfach darauf, meinen Geist aus den Fesseln meiner ichbehafteten Gedankenwelt zu befreien, damit ich freier und glücklicher leben kann.

Erster Abschnitt
Die Meditationspraxis

1.1 Vom Wesen des Meditierens

Am Beginn meines spirituellen Weges sollte ich als Erstes die formale Praxis der Atemmeditation erlernen. Dabei lasse ich alle anderen Beschäftigungen ruhen. Ich tue einmal absichtlich nichts anderes, als mir eine bewusste Auszeit vom Alltag zu nehmen. Mit anderen Worten: Ich unterbreche das Hamsterrad meiner vielen Pflichten und Leidenschaften, um wieder ganz zu mir selbst zu kommen.

Ich sollte die Zeit der Meditation daher ausdrücklich nicht als eine weitere Verpflichtung in meinem Tagesablauf begreifen, die es zu erledigen gilt. Das würde dem Wesen des Meditierens vollkommen widersprechen. Stattdessen darf ich meinem Geist beim Meditieren äußere und innere Ruhe verschaffen. Ohne das ruhige Gefühl der Gelassenheit kann ich nämlich nicht heilsam leben. Denn nur wenn ich mir absichtlich immer wieder erholsame Zeiten echter Ruhe gestatte, kann ich mein Leben kraftvoll und schöpferisch aus meiner inneren Mitte heraus gestalten.

Ich gönne mir diese Erholung, indem ich mich meinen Gefühlsregungen widme. Rauben mir die äußeren Umstände des Lebens meine innere Ruhe, dann kann ich dies auf der körperlichen Ebene fühlen. Ich nehme mir Zeit, um zu erspüren, wo Unruhe meinen Körper erfüllt. Gleichzeitig übe ich mich in achtsamem Atmen, bis die Empfindungen der Ruhelosigkeit abebben. Anschließend genieße ich das angenehm wohlige Gefühl körperlicher Entspanntheit. Ich fühle mich ruhig und gelöst. Befreit von meiner inneren Unrast, kann ich jetzt auch wieder klarer denken.

Auf diese Weise wird mir mein Meditieren zur heilsamen, ja zur heiligen Auszeit. Ich darf froh sein, eine Pause vom hektischen Alltag nehmen zu können. Ich erlaube mir und meinen Gefühlen Zeit und Ruhe. Ich darf mich erholen und zurück in meine innere Mitte kommen. Ich verschaffe mir Luft zum Atmen. Ich atme mich frei von allem, was mich belastet. Das ist das ganze Geheimnis des echten Meditierens, nicht mehr und nicht weniger.

1.2 Vom Meditationsort

Ich persönlich mache aus meinem Meditieren absichtlich kein Ritual. So habe ich weder einen festen Meditationsplatz noch gar einen separaten Meditationsraum. Würde ich meine Meditationspraxis zu sehr ritualisieren, dann liefe ich nämlich sehr wahrscheinlich Gefahr, mich vom Wesentlichen abzulenken. Gerade das will ich aber nicht. Mir gefällt es vielmehr, mein Meditieren möglichst einfach zu gestalten. Besonders wichtig ist es mir, ganz nach Bedarf überall und jederzeit meditieren zu können.

Zuhause setze ich mich zur formalen Praxis meist bequem auf mein Sofa, von wo ich einen schönen Blick aus dem Fenster habe. In der Nähe meiner Wohnung steht eine große alte Eiche, deren kräftige Äste eine mächtige Krone bilden. Es tut mir gut, beim Meditieren diesen alten Baum von meinem Wohnzimmer aus achtsam anzuschauen.

Notwendig zum Meditieren ist ein schöner Ausblick jedoch nicht. So praktiziere ich die strenge Form der Atemmeditation insbesondere vor allem dann, wenn mir heftige unangenehme Gefühle meine innere Ruhe rauben. Ich bin in solchen Augenblicken sehr aufgewühlt. Ich habe jetzt keinen Blick für die schöne alte Eiche vor dem Haus. Mein Sichtfeld ist eingeschränkt. Ich schaue nach unten auf meine Hände oder ich habe die Augen sogar ganz geschlossen. In Zeiten der starken inneren Anspannung kostet es mich regelrecht Überwindung umherzuschauen. Ich blende nun bewusst alles andere aus. Statt nach außen, schaue ich nach innen. Ich achte allein auf meine Atmung und mein körperliches Empfinden.

Mein eigentlicher Meditationsplatz ist nämlich kein äußerer Ort. Vielmehr liegt dieser Platz in mir selbst. Mein Meditationsraum ist die innere Ruhekammer meines Herzens. Dort, in meinem Herzen, darf ich ganz ich selbst sein. Die laute Welt ebenso wie mein ichbezogenes Denken haben hier keine Macht über meinen Geist. Ich trete in diese Kammer ein, indem ich auf meinen Atem achte. Gleichzeitig spüre ich in meinen Körper hinein.

Sobald die Aufmerksamkeit meines Geistes auf meiner Atmung und meinem körperlichen Empfinden ruht, beruhigt sich mein Denken. Mein Geist wird ein Stück weit aus den Fesseln meiner Gedankenwelt befreit. Weil mir aber solange ich lebe sowohl mein Atem als auch mein Körper überall zur Verfügung stehen, brauche ich keinen äußeren Meditationsplatz. Stattdessen kann ich an jedem Ort und zu jeder Zeit in die innere Ruhekammer meines Herzens eintreten, um dort zu meditieren.

1.3 Von der Meditationshaltung

So wie der Meditationsplatz keine wesentliche Rolle spielt, muss ich beim Meditieren auch keine bestimmte Körperhaltung einnehmen, wie sie beispielsweise aus dem Buddhismus bekannt ist. Wenn es mir bequem erscheint, dann kann ich mich natürlich an der buddhistischen Meditationshaltung orientieren. Wer dies möchte, dem empfehle ich beispielsweise eine sehr hilfreiche, weil ausführlich und anschaulich beschriebene

Darstellung derselben von dem bekannten buddhistischen Meditationsmeister Yongey Mingyur Rinpoche (*Werde ruhig* 56–63).

Für den Anfang genügt es jedoch völlig, wenn ich mich einfach mit geradem Rücken und ohne mich anzulehnen auf einen Stuhl setze. Die Füße stelle ich fest nebeneinander auf den Boden, so als ob sie mit diesem verwurzelt wären. Diese Bodenhaftung fühlt sich für mich persönlich immer sehr stimmig an. Es tut mir gut beim Meditieren mit den Füßen eine Verbindung zum Boden zu halten, sprich meinen Körper zu erden. Dies gilt vor allem in Zeiten, in denen ich innerlich angespannt bin.

Die Hände lege ich mit den Handrücken auf die Oberschenkel. Wenn ich dabei meine Hände nahe zu den Hüften nehme, hilft mir das, meinen Oberkörper aufrecht und meinen Kopf gerade zu halten. Wahlweise lege ich meine Hände in den Schoß. Die Handflächen kann ich dann locker zusammenlegen, um damit eine Schale zu formen. Ich kann die Finger aber auch leicht ineinander verschränken, so als wollte ich beten.

Letztlich kommt es beim Meditieren aber – um dies nochmals zu betonen – nicht auf derartige Äußerlichkeiten an.

Ich sollte vielleicht nicht zu locker sitzen, darf mich aber auch nicht verkrampfen. Eine liebe Bekannte hat mir in diesem Zusammenhang einmal erzählt, sie schließe beim Meditieren immer ihre Augen und verdrehe gleichzeitig ihre Augäpfel. Ich halte derartige Verkrampfungen für wenig sinnvoll. Stattdessen versuche ich eine möglichst unangestrengte Haltung einzunehmen, wobei ich mich aber um eine angenehme Körperspannung bemühen kann. Dies mag mir dabei helfen, aufrecht und gerade zu sitzen, um frei und ungehindert atmen zu können.

Im Grunde ist aber selbst das nicht wesentlich. So meditiere ich im Alltag oft, indem ich mich mit ausgestreckten Beinen entspannt auf ein Sofa setze. Die Füße schlage ich übereinander. Mit dem Rücken lehne ich mich an. Die Hände lege ich in meinen Schoss, wobei ich die Finger meist wie zum Gebet leicht ineinander verschränke.

Es bleibt schließlich noch zu überlegen, ob ich mit offenen oder geschlossenen Augen meditieren möchte. Manche Meditationslehrer geben den Rat, stets mit offenen Augen zu meditieren. Andere wiederum halten es ebenso für sinnvoll, die Lider während des Meditierens zu schließen. Mir persönlich fällt es mit geschlossenen Lidern manchmal leichter, meinen Geist ganz auf mein Gefühlsempfinden auszurichten. Häufig meditiere ich jedoch mit offenen Augen. Es geht mir in erster Linie darum, für das Hier und Jetzt wach zu werden. Statt in meiner Gedankenwelt zu verharren, möchte ich die Gegenwart wahrnehmen. Dies kann ich aber eigentlich nur, wenn ich ausdrücklich auf meine Sinneswahrnehmungen achte. Es sind schließlich meine Sinne, die mich mit der sichtbaren Welt verbinden. Über meine Augen und Ohren erlebe ich, was im Augenblick geschieht. So übe ich beim Meditieren insbesondere achtsames Schauen und Hören. Ich schaue und höre bewusst. Ich achte schlicht und einfach darauf, was jetzt gerade vor sich geht.

1.4 Von äußerer Ruhe

Ruhe ist nicht das Gleiche wie Stille. Während ich Ruhe als wohltuend empfinde, würde Stille mich überfordern. Ich könnte sie vor allem deshalb nicht ertragen, eben weil die vollkommene Abwesenheit jeglichen Geräuschs im Grunde unnatürlich ist. So gibt es in der Natur kaum einen Ort, an dem es ganz und gar still ist. Habe ich einen einsamen Berggipfel erklommen, vernehme ich das säuselnde Wehen des Windes. Gehe ich an einer verlassenen Meeresküste spazieren, höre ich die tosende Brandung der Wellen, die sich fortwährend am Ufer brechen. Im tiefen Wald kann ich mich am munteren Gezwitscher der Vögel erfreuen. Selbst in einer dunklen Tropfsteinhöhle ist es keineswegs still. Schweige ich dort, so kann ich dem steten Tropfen des Wassers lauschen.

Werde ich an einem der genannten Orte still, vermag ich es, diese natürlichen Umgebungsgeräusche bewusst wahrzunehmen. Aber schon allein mit diesem achtsamen Hören habe ich unter Umständen ein Problem und das, obwohl ich mich innerlich so sehr nach Ruhe sehne. Wenn einmal Gelegenheit zum Schweigen wäre, kann ich es oft nicht. Schnell fühle ich mich von der ungewohnten Ruhe überfordert. Kehrt tatsächlich einmal ein Augenblick der Stille ein, dann fülle ich ihn meist unwillkürlich mit belanglosem Geschwätz.

Während nun aber Ort und Körperhaltung im Grunde keine wesentliche Rolle beim Meditieren spielen, gehört äußere Ruhe, vor allem für einen Anfänger, zu dessen Grundvoraussetzungen. Unter Umständen wird es mir jedoch gar nicht leichtfallen, in meinem Alltag Ruhe zu finden. Lebe ich nicht allein, sondern mit meiner Familie zusammen, so bin ich womöglich selten ungestört. Ich kann dann aber beispielsweise überlegen, ob es in meinem Tagesablauf Zeiten gibt, in denen ich zumindest für ein paar Minuten oder eine halbe Stunde allein bin. Dies könnte der kurze Augenblick am Morgen sein, wenn meine Partnerin oder mein Partner schon in der Arbeit und die Kinder auf dem Weg zur Schule sind. Bevor ich selbst außer Haus gehe, halte ich mir diesen Augenblick für mein Meditieren frei. Überhaupt wäre es wünschenswert, wenn ich mir täglich eine feste Zeit für die formale Praxis des achtsamen Atmens vorbehalte, weil diese Form der Meditation eine ganz besonders heilsame Wirkkraft entfaltet.

Da Ruhe so entscheidend für mein Meditieren ist, verwende ich im Übrigen absichtlich keine Entspannungsmusik. Stattdessen ist es mir wichtig, für die Dauer des Meditierens jeden unnötigen Lärm zu vermeiden, um die natürlichen Geräusche meiner Umgebung achtsam wahrnehmen zu können.

Möglicherweise empfinde ich die äußere Ruhe zunächst jedoch als unangenehm. Ja, es kann durchaus sein, dass ich mich unruhig und nervös fühle, sobald ich den Versuch unternehme, still zu werden. Dies ist dann aber gar nicht schlimm. In der Tat ist es sogar sehr gut, denn die äußere Ruhe bringt mich zu dem störenden Gefühl meiner inneren Unruhe. Und genau dieses nervöse Unruhegefühl ist der eigentliche Gegenstand der echten Meditation.

1.5 Von innerer Unruhe

Es gibt Menschen, die grundsätzlich ausgeglichen sind. Bin ich so ein Mensch, dann ist innere Ruhe für mich vollkommen natürlich. Meist gelingt es mir, selbst in stürmischen Zeiten gelassen zu bleiben. Vielleicht ist mir jedoch ein eher nervöses Wesen eigen. Ich strahle dann keine Ruhe aus, sondern übertrage die eigene Rastlosigkeit auf meine Mitmenschen. Oder aber ich lasse mich leicht von deren Unrast anstecken. Unter Umständen weiß ich um meine innere Unruhe. Es kann aber auch sein, dass ich mir meines rastlosen Wesens nur wenig bewusst bin. Wenn ich eher unausgeglichen bin, geht es auf dem spirituellen Weg zunächst erst einmal darum, meine Rastlosigkeit zu überwinden und in Gelassenheit zu verwandeln.

Dazu muss ich Folgendes verstehen: Innere Unruhe ist kein unveränderlicher Wesenszug. Vielmehr handelt es sich um eine erlernte Eigentümlichkeit. Aus diesem Grund kann ich, so ich es denn will, diese Eigenheit verändern. Selbst wenn mir grundsätzlich ein nervöses Wesen eigen ist, kann ich lernen, innerlich ruhig und gelassen zu werden.

Um dies zu erreichen, hilft mir die formale Praxis der Atemmeditation. Ich unterbreche also meine Alltagsgewohnheiten. Ich setze mich an einem geeigneten Ort still hin. Ich halte absichtlich äußere Ruhe ein, um mich bewusst meiner inneren Unruhe zu widmen. Während ich nun stillsitze, achte ich auf meine Atmung. Würde ich jetzt nicht auf meinen Atem achten, dann könnte ich kaum ruhig sitzen bleiben. Stattdessen würde mich meine Rastlosigkeit zwangsläufig zappelig machen.

Ich könnte zwar versuchen mein Unruhegefühl zu unterdrücken, indem ich mich willentlich zwinge, still sitzen zu bleiben. Soweit mir dies, wenn überhaupt, eine Weile gelänge, hätte eine derartige Scheinmeditation jedoch sehr unheilvolle Folgen für meine mentale Gesundheit. Statt das Unruhegefühl aufzulösen, würde ich es durch die Willenskraft meiner Gedanken ins Unterbewusste verdrängen. Dieses Verdrängen meiner Unruhe würde dann im schlimmsten Fall psychische Krankheiten begründen oder bereits vorhandene Störungen verstärken.

Genauso wenig darf ich mich meiner Rastlosigkeit auf der gedanklichen Ebene widmen. Ich darf mich nicht hinsetzen, um über die Probleme nachzudenken, welche mich beunruhigen. Das wäre kein heilsamer Weg mit meiner inneren Unrast umzugehen. Ruhelosigkeit macht sich ohnehin häufig vor allem durch sorgenvolles Gedankenkreisen bemerkbar. Mein Geist kreist um Sorgen, die mich quälen. Dieses quälende Kreisen meiner Gedanken ist stets ein untrügliches Zeichen für innere Unruhe. Wenn ich mich in diesem angespannten Zustand zur Meditation hinsetze, dann besteht die große Gefahr, dass mein Meditieren zu einem depressiven Grübeln verkommt. Statt zu meditieren, fange ich an, über die Sorgen nachzudenken, welche meinen Geist augenblicklich belasten. So aber kann ich meine Rastlosigkeit nicht überwinden. Vielmehr würde diese grüblerische Scheinmeditation mein unheilvolles Gedankenkreisen noch weiter verschlimmern.

Echte Meditation wird völlig anders praktiziert. Sie beruht nicht auf der Willenskraft meiner Gedanken. Die Grundlage allen Meditierens bildet vielmehr mein Atem. Wesentlich dafür ist die Praxis des achtsamen Atmens. Dies ist insofern bemerkenswert, als ich zum Atmen eigentlich keine besondere Methode brauche. So atme ich im Alltag normalerweise ganz von selbst. Ich muss nicht einmal daran denken zu atmen. Es ist offensichtlich unnötig, mich meiner Atmung bewusst zu widmen. Das Atmen ist eine scheinbar nebensächliche Tätigkeit, die daher von vielen Menschen leider sträflich vernachlässigt wird.

1.6 Vom achtsamen Atmen

Achtsames Atmen ist sehr einfach. Um achtsam zu atmen, lenke ich die Aufmerksamkeit meines Geistes auf meine Atmung. Ich atme jetzt nicht mehr unbewusst. Vielmehr werde ich mir meiner Atmung gewahr. Ich atme bewusst ein. Dann atme ich bewusst aus. Ich atme erneut ein und wieder aus. Ich bemühe mich darum, ruhig, langsam und regelmäßig zu atmen. Meine Atemzüge sind weder zu flach noch zu tief.

Während ich gleichmäßig atme, richte ich das Gewahrsein meines Geistes auf mein körperliches Empfinden. Genauer gesagt, ich spüre in den Vorgang des Ein- und Ausatmens hinein. Ich achte auf die Gefühle in meiner Brust. Ich erspüre, wie die Luft durch Mund und Nase in meine Lungen strömt. Ich fühle, wie sich meine Lungenflügel blähen und sich mein Brustkorb hebt. Dann spüre ich, wie die Atemluft durch Mund und Nase aus meiner Lunge herausströmt und mein Brustkorb sich wieder senkt. Gleichzeitig achte ich auf das stete Pochen meines Herzens. Das ist achtsames Atmen. Nicht mehr und nicht weniger.

Ich sollte die Aufforderung achtsam zu atmen allerdings nicht falsch verstehen. Ich muss dabei meinen Atem nicht sofort willentlich steuern. Beispielsweise darf ich keinesfalls anfangen, zu schnaufen oder zu hecheln. Immer wieder erlebe ich Menschen, welche die Anweisung bewusst zu atmen in dieser Hinsicht missdeuten. Schnaufen und Hecheln haben mit meditativem Atmen jedoch ausdrücklich nichts zu tun.

Ich lenke zunächst lediglich die Aufmerksamkeit meines Geistes auf meinen Atem. Ich will mir gewahr werden, wie ich im Augenblick atme. Ich beobachte einfach, ob meine Atmung ruhig ist oder nicht. Möglicherweise sind meine Atemzüge entspannt. Vielleicht stelle ich aber auch fest, dass ich nicht gleichmäßig atme. Meine Atmung ist unter Umständen angespannt und unregelmäßig. Bedrücken mich unangenehme Gedanken und fehlt es mir dadurch an innerer Ruhe, so wird mir das achtsame Atmen wahrscheinlich sogar schwerfallen. Dennoch tut es mir gerade in diesem Fall gut, wenn ich mich jetzt eine Weile darum bemühe, ruhig und gleichmäßig zu atmen, bis sich meine innere Anspannung löst.

Ich richte meine Wahrnehmung also allein auf meine Atmung und die körperlichen Gefühle des Atemvorgangs. Ausdrücklich achte ich nicht auf die zahlreichen Gedanken, welche mir in diesem

Moment durch den Kopf gehen. Daher brauche ich beim meditativen Atmen auch an nichts Bestimmtes zu denken. Manche Meditationslehrer empfehlen, beim Einatmen in Gedanken zu sprechen: „Ich atme ein." Beim Ausatmen soll ich dann denken: „Ich atme aus."

Ich halte diese und ähnlich lautende Anweisungen nicht für sehr sinnvoll. Einer der größten Irrtümer über das Meditieren besteht meiner festen Überzeugung nach darin, zu glauben, man müsse sich bei dieser Praxis still hinsetzen und seinen Geist mit Gedankenübungen beschäftigen. So lehren selbst erfahrene Meditationsmeister das gebetsmühlenartige laute oder stille Sprechen von Worten, Versen oder Gebeten sei notwendig, um das Denken zu beruhigen und den Geist zu sammeln. Zwar mögen solche Übungen eine gewisse beruhigende Wirkung haben. Mit echter Meditation hat das aber wenig zu tun. Mich persönlich haben derartige Anweisungen als Anfänger tatsächlich sehr behindert. Ich würde daher von Gedankenübungen dieser Art in der Regel abraten.

Beim Meditieren geht es nicht darum, den Geist mit Nachdenken zu beschäftigen. Auch die Vorstellung der Geist müsse in der Meditation gesammelt werden – was immer das genau bedeuten soll – ist vollkommen abwegig. Der Geist ist stets ruhig, klar, unwandelbar und unbeschränkt. Er muss sicherlich nicht gesammelt werden. Vielmehr geht es darum, das Denken des Geistes zu beruhigen, damit dieser sich von den Gedanken löst und mit dem Hier und Jetzt des gegenwärtigen Augenblicks verbindet. Meiner Erfahrung nach beruhige ich mein Denken allerdings nicht durch gedankliche Übungen, sondern allein dadurch, dass ich achtsames Atmen praktiziere und dabei gleichzeitig meine Wahrnehmung auf mein körperliches Empfinden ausrichte.

Während ich achtsam atme, solle ich nun die Gedanken loslassen, um noch einmal mit den Worten vieler Meditationslehrer zu sprechen. Statt mich darin zu verlieren, solle ich beobachten, wie meine Gedanken kommen und gehen. Auch diese Anweisung scheint mir nicht sehr hilfreich zu sein, gerade und vor allem dann, wenn ich erst am Anfang meines spirituellen Weges stehe.

Ohne eine gewisse Erfahrung im Meditieren ist dieses Loslassen und Beobachten meiner Gedanken für mich unter Umständen nämlich überhaupt nicht möglich. Als Anfänger erlebe ich meinen Geist und mein Denken zunächst sehr wahrscheinlich als fest verbundene Einheit. Geist und Denken sind für mich nicht voneinander zu trennen. Genauer gesagt: Ich nehme sowieso nichts anderes als meine Gedanken wahr. Ich bin nicht nur weitgehend *in* Gedanken. Ich *bin* meine Gedanken.

Solange jedoch mein Geist und mein Denken auf diese Weise noch vollkommen miteinander verwoben sind, ist es mir schier unmöglich, meine Gedanken loszulassen. Tatsächlich kann ich auch später dieses Loslassen nicht willentlich herbeiführen. Vielmehr geschieht dies mit genügend Meditationserfahrung irgendwann von selbst. Und erst wenn sich mein Geist ohne mein bewusstes Zutun unwillkürlich von meinem

Denken löst, bin ich dadurch ganz allmählich in der Lage, mit meinem Geist das Kommen und Gehen meiner Gedanken zu beobachten.

Genauso ungeeignet scheint mir folgende Anweisung, die gelegentlich zu finden ist. Diese lautet, ich solle beim Atmen auf die kleine Pause zwischen den Atemzügen achten. Meiner Erfahrung nach liegt zwischen zwei Atemzügen, wenn überhaupt, nur ein sehr kurzer Augenblick. Ob ich diesen nun bewusst wahrnehme oder nicht, spielt keine entscheidende Rolle. Ja, im Grunde geht es beim meditativen Atmen nicht darum, meine Gedanken auf etwas Bestimmtes auszurichten. Ich sollte mich also nicht unnötigerweise um diese kaum vorhandene Pause kümmern. Keinesfalls darf ich den Hinweis, den Augenblick zwischen den Atemzügen zu beachten, so verstehen, dass ich nach jedem Atemzug eine Pause machen soll.

Achtsames Atmen ist tatsächlich vollkommen einfach. Ich atme bewusst ein. Dann atme ich bewusst aus. Nicht mehr und nicht weniger. Aber obwohl es so banal zu sein scheint, ist es alles andere als unwesentlich. Vielmehr entfaltet meditatives Atmen eine machtvolle, weil heilsame Wirkkraft. Statt mich von meiner eigenen Rastlosigkeit oder der Umtriebigkeit meiner Mitmenschen antreiben zu lassen, komme ich durch mein gleichmäßiges Atmen zur Ruhe. Mit jedem Atemzug löse ich meine innere Anspannung ein klein wenig mehr auf. Mein Atem ist wie die Mutter, die ihr aufgeregtes Kind beruhigt. Mein Denken ist wie das innerlich erregte Kind, das von der Mutter beruhigt wird.

1.7 Vom achtsamen Fühlen

Beim Meditieren achte ich darauf, gleichmäßig und ruhig zu atmen. Während meine Atemzüge stetig kommen und gehen, lenke ich die Wahrnehmung meines Geistes jetzt auf mein körperliches Empfinden. Anders ausgedrückt, ich erspüre meinen Körper. Ich fühle in meine Brust, in meinen Bauch, in meine Hände und in meine Beine hinein. Normalerweise sollte ich beim meditativen Atmen nun irgendeine mehr oder weniger stark ausgeprägte Gefühlsregung wahrnehmen können.

Bin ich ein eher ausgeglichener Mensch, dann spüre ich vielleicht schon bei der ersten formalen Meditation das angenehme Gefühl körperlicher Entspanntheit. Ich persönlich empfinde dieses Ruhegefühl meist besonders deutlich in meinen Händen.

Ich sitze also in meiner Meditationshaltung. Mit den Händen forme ich eine Schale. Während ich achtsam atme, kann ich die innere Ruhe regelrecht greifen. Bei mir fühlt sich das meist in etwa so an, als läge in meinem Schoß ein großer, aber leichter Ball, geformt aus dem wohligen Gefühl entspannter Gelassenheit. Ich kann mein Gewahrsein bewusst auf diese angenehme Empfindung ausrichten. Während ich gleichmäßig atme, genieße ich das tief empfundene Ruhegefühl in meinen Händen.

Wenn in meinem Leben sehr viel innere und äußere Unruhe herrscht, vermag ich auch das in der Meditation körperlich zu spüren. Allerdings empfinde ich in diesem Fall jetzt ein Unwohlsein. Dabei kann es sich um eine Beklemmung in der Brust oder einen Druck im Bauch handeln. Mitunter spüre ich ein nervöses Zittern in den Händen, ein Kribbeln in den Beinen oder starkes Herzklopfen. Manchmal ist das Unruhegefühl kaum wahrnehmbar. Ein anderes Mal ist es stark und deutlich. Es kann mich wie ein schwerer Umhang umfangen und buchstäblich niederdrücken oder aber es erfüllt alle meine Glieder von innen heraus.

Empfinde ich beim achtsamen Atmen eine Beklemmung, ein Drücken, Zittern, Kribbeln oder Herzklopfen, so richte ich das Gewahrsein meines Geistes auf dieses unangenehme Gefühl. Ich schenke dieser störenden inneren Regung meine Aufmerksamkeit. Genauer gesagt, ich atme achtsam ein und aus, während ich gleichzeitig den körperlichen Ausdruck meiner nervösen Unruhe eine Zeit lang mit meinem Geist bewusst beachte.

Statt mit den Händen eine Schale zu formen, kann ich sie nun auf die Körperstelle legen, wo ich die Beklemmung oder den Schmerz fühle.

Ich lege die Hände flach übereinander auf meine Brust oder meinen Bauch. Vielleicht tut es mir gut, eine Hand auf die Brust und die andere auf den Bauch zu legen. Wenn ich ein unruhiges Kribbeln in den Beinen verspüre, dann lege ich beide Handflächen auf meine Oberschenkel.

Die jeweilige Handhaltung mag mir dabei helfen, während der formalen Meditation die Beklemmung in meiner Brust, den Druck in meinem Bauch oder das Kribbeln in meinen Beinen deutlicher wahrzunehmen. Auch meine Augenlider kann ich jetzt schließen.

Nach einer Weile des gleichmäßigen Atmens verändert sich die körperliche Regung meiner inneren Unrast. Zunächst scheint mir dieses Gefühl noch unangenehm. Dann jedoch empfinde ich es zunehmend als wohltuend, achtsam hinein in meinen Körper zu spüren. Es fühlt sich gut an, die Unruhe in mir bewusst zu beachten. Ich genieße es mehr und mehr, dieser unangenehmen Gefühlsregung eine Weile die Aufmerksamkeit meines Geistes zu schenken. Schließlich fängt das Unruhegefühl langsam an, sich zu verändern. Die Beklemmung, das Drücken, Zittern, Kribbeln oder Herzklopfen wird schwächer und klingt ab.

In diesem Abschnitt der Meditation muss ich immer sehr viel gähnen. Dieses Gähnen ist ein gutes Zeichen. Es ist der körperliche Ausdruck dafür, dass sich meine Anspannung löst. Am Ende verschwindet auch der letzte Rest meiner inneren Erregung. Statt des Unwohlseins stellt sich in mir nun wieder das entspannte Gefühl der Gelassenheit ein. Ich fühle mich frei und gelöst. Je nachdem wie gut ich meinen Körper spüren kann, nehme ich dieses wohlige Ruhegefühl jetzt bis in meine Finger- und Zehenspitzen hinein wahr.

Innere Unrast wird oftmals von sehr heftigen Gefühlen wie Angst, Enttäuschung, Eifersucht, Ärger, Scham oder Neid ausgelöst. Ich persönlich spüre in solch angespannten Augenblicken meist starke Beklemmungen in der Brust. Diese engen mich ein und schnüren mir den Atem ab. Oder aber ich nehme beim Meditieren einen schmerzenden Druck im Bauch wahr. Immer aber quält mich in diesen Zeiten besonders massives Gedankenkreisen.

Ich bin diesem quälenden Gedankenkarussell jedoch nicht hilflos ausgeliefert. Indem ich die sorgenvollen Gedanken meditiere, kann ich zu meiner inneren Ruhe zurückkehren. Allerdings lassen sich derart anstrengende Gefühle der großen geistigen Anspannung mitunter nicht in einer einzelnen Meditation auflösen. Je nachdem wie sehr mich meine Sorgen quälen, muss ich mir vielleicht über mehrere Tage hinweg Zeit für die einengenden Beklemmungen in meiner Brust oder die drückenden Schmerzen in meinem Bauch nehmen.

Solange ich beim Meditieren die Aufmerksamkeit meines Geistes ganz auf die unangenehmen Gefühle in meiner Brust oder in meinem Bauch richte, wird das Kreisen meiner Gedanken für den Augenblick unterbrochen. Sobald ich jedoch meine Meditation beende, fangen die Gedanken sofort erneut zu kreisen an. Allerdings werden sowohl das Gedankenkreisen als auch die damit verbundenen unangenehmen

Empfindungen täglich schwächer. Irgendwann löst sich meine innere Anspannung. Die Beklemmungen oder Bauchschmerzen ebben ab. Das quälende Gedankenkarussell kommt zum Stillstand. Die sorgenvollen Gedanken verlieren ihre Macht über meinen Geist. Stattdessen stellt sich in mir wieder das befreiende Gefühl der tiefen inneren Ruhe ein.

Beim meditativen Atmen achte ich also stets auf die Empfindungen in meinem Körper. Spüre ich ein Wohlgefühl, so lenke ich die Aufmerksamkeit meines Geistes darauf. Nehme ich hingegen eine Beklemmung, einen Schmerz, ein Drücken, Zittern oder Kribbeln wahr, so achte ich auf dieses Unwohlsein. Ich widme mich diesem dann so lange, bis sich meine Anspannung in Gelassenheit verwandelt. Ich beruhige mich mittels achtsamen Atmens, bis ich erneut in meiner inneren Mitte angekommen bin.

Manchen Menschen mag es zunächst jedoch schwerfallen, die teils sehr feinen körperlichen Gefühle der inneren Ruhe oder Unruhe bewusst wahrzunehmen. Als Anfänger tue ich mich unter

Umständen nicht leicht damit, auf mein körperliches Empfinden zu achten. Es scheint mir vielleicht sogar so, als würde ich beim Meditieren gar nichts spüren.

Ich war früher selbst ein solcher Mensch, der seine Gefühle nicht körperlich wahrnehmen konnte. Irgendwann in meiner Kindheit hatte ich angefangen, alle unangenehmen Empfindungen zu verdrängen. Aus diesem Verdrängen entwickelte ich starke Zwänge, die dann mit schweren Depressionen einhergingen. Und auf Grund dieser Depressionen hatte ich bis zu meinem ersten großen Aufwachen im Sommer 2011 seit vielen Jahren keine Erfahrung mehr darin, meine Gefühle körperlich wahrzunehmen. Ich kannte deshalb die verschiedenen Gefühlsregungen der geistigen Ruhe oder Unruhe nicht.

Es ist allerdings nicht schlimm, wenn ich Schwierigkeiten damit habe, achtsam hinein in meinen Körper zu spüren. Auch wenn ich schon Erfahrung mit dem Meditieren habe, behindern unter Umständen immer wieder Blockaden mein körperliches Empfinden. Stattdessen tauchen in diesem Fall aber in der Regel zahlreiche störende Gedanken auf. Als Anfänger denke ich vielleicht: „So eine blöde und langweilige Übung! Ich spüre ja gar nichts! Wozu soll ich mir diesen Unsinn antun? Meditieren ist wohl doch nichts für mich!"

Wenn ich meine, beim Meditieren grundsätzlich nichts zu empfinden, kann ich anders an die Sache herangehen. Ich warte einfach, bis ich mich das nächste Mal richtig über etwas aufrege. Sobald ich wieder einmal sehr verärgert bin, versuche ich es erneut mit der formalen Atemmeditation. Statt meinem Ärger Luft zu machen und lauthals zu schimpfen, setze ich mich und zwinge mich willentlich, zu schweigen. Dann mache ich meine Atemübung.

Wenn ich jetzt in mich hinein spüre, müsste ich sogar als ungeübter Mensch meinen Ärger körperlich wahrnehmen können. Meine Wut sollte sich als drückende Beklemmung oder zittrige Erregung bemerkbar machen. Nun brauche ich nur noch so lange weiter achtsam ein- und ausatmen, bis meine innere Anspannung anfängt abzuklingen und mein Ärger sich verwandelt. Vielleicht wird mich das Ergebnis meines Meditierens dann sehr überraschen.

In der Tat habe ich persönlich nämlich die Erfahrung gemacht, dass mich vor allem die Meditation von starken unangenehmen Gefühlen am meisten auf meinem spirituellen Weg voranbringt. Angst, Enttäuschung, Eifersucht, Ärger, Scham oder Neid sind äußerst ichbezogene Empfindungen. Indem ich diese Gefühlsregungen durch meditatives Atmen auflöse, kann ich auch mein selbstbezogenes Denken ein gutes Stück weit überwinden. Aus diesem Grund sind Augenblicke der starken inneren Erregung stets die heilsamsten Gelegenheiten, um mich im Meditieren zu üben.

1.8 Von innerer Ruhe

Führe ich normalerweise ein Leben unter Zeitdruck, so wird mir die formale Praxis der Atemmeditation am Anfang wahrscheinlich nicht leichtfallen. Möglicherweise erscheint mir das

Meditieren sogar sehr schwer. Unter Umständen fühle ich mich zunächst schon allein damit überfordert, die Atemmeditation nur für ein oder zwei Minuten durchzuhalten. Das ist nicht ungewöhnlich, sondern völlig normal.

Wollte ich als Anfänger gleich zehn oder zwanzig Minuten am Stück meditieren, wäre das genauso unvernünftig, als versuchte ich mich als ungeübter Läufer aus dem Stand an einem Dauerlauf. Vielleicht ist es bereits eine große Herausforderung, mir überhaupt so viel Zeit zu gönnen, um für ein paar Augenblicke die formale Meditationshaltung einzunehmen.

Statt Lust auf das Meditieren zu verspüren, denke ich zum Beispiel: „Ich darf mir doch keine Zeit zum Nichtstun gönnen. Ich habe heute noch so viele Aufgaben zu erledigen! Wie kann ich da einfach untätig herumsitzen?“

So verständlich derartige Gedanken sind, ich darf diesen Ausreden nicht nachgeben. Unter Umständen lastet seit langem eine große mentale Belastung auf mir. Sobald ich mir Zeit zum Meditieren nehme, spüre ich diesen Druck in meinem Körper. Er schnürt mir regelrecht den Atem ab oder er fühlt sich wie ein Schlag in die Magengrube an.

Durch einen unheilvollen Lebenswandel habe ich diesen Druck wahrscheinlich über geraume Zeit hinweg aufgebaut. Letztlich wehrt sich mein Körper mit diesem starken Unwohlsein gegen die alltäglichen Belastungen meiner Psyche. Ich sollte damit aufhören, diese mentale Last zu verdrängen. Stattdessen ist es gut und heilsam, mich meinen Gefühlsregungen zu widmen. Ich sollte anfangen, diesen Druck abzubauen. Ich könnte sonst irgendwann ernsthaft psychisch und sogar körperlich krank werden.

Nehme ich mir Zeit, um meinen mentalen Druck zu meditieren, dann werden die unangenehmen inneren Regungen zunächst vielleicht sogar stärker, je länger ich darauf achte. Allerdings scheint mir das nur so, weil ich in der Meditation das Gewahrsein meines Geistes auf mein körperliches Empfinden ausrichte. Die Unruhegefühle waren aber die ganze Zeit schon da. Ich habe sie nur nie beachtet. Weil ich sie bisher durch meine Geschäftigkeit verdrängt hatte, konnte ich diese Gefühle nicht spüren. Indem ich die innere Unruhe jedoch nicht länger beiseiteschiebe, sondern ganz bewusst darauf achte, nehme ich meine Rastlosigkeit nun also verstärkt wahr.

Ich darf mich von meinen Gefühlsregungen allerdings nicht verunsichern lassen. So hat mir eine gute Freundin einmal erzählt, ihr werde bei meditativen Übungen regelmäßig schlecht. Derart starkes Unwohlsein deutet auf tiefgründige seelische Belastungen hin, die sich sicherlich nicht in einer einmaligen Meditation verarbeiten lassen. Ich kann aber selbst sehr tiefsitzende Seelenqualen über einen längeren Zeitraum hinweg schrittweise abtragen.

Sollte der körperliche Ausdruck meiner inneren Unruhe dennoch zu stark werden und mich zu überwältigen drohen, breche ich die Meditation besser ab. Ich versuche es dann zu einem späteren Zeitpunkt wieder von Neuem. Auch Yongey Mingyur Rinpoche rät Anfängern deshalb grundsätzlich dazu, die Atemübung zwar jeweils nur für wenige Augenblicke durchzuhalten, sie dafür aber möglichst häufig zu wiederholen (*Buddha* 226f. sowie 311f.).

Ich nehme mir also immer wieder kleine Auszeiten für die formale Praxis. Mit ein wenig Erfahrung kann ich mich bald schon überall und bei allen denkbaren Gelegenheiten kurz meiner Atemübung widmen. Während der Arbeit blicke ich regelmäßig auf, um ein paar achtsame Atemzüge zu tun. Diese Verschnaufpausen helfen mir dabei, mich von der Hektik und dem Druck in der Arbeit nicht überwältigen zu lassen. Während ich beim Einkaufen in der Warteschlange an der Kasse stehe, nutze ich die Zeit zum achtsamen Atmen. Gleiches gilt bei einem Stau auf der Straße.

Im Alltag werde ich häufig genug in meinem Tun ausgebremst, sodass ich nicht sofort so handeln kann, wie ich es eigentlich gern möchte. Stattdessen muss ich mich in geduldigem Warten üben. All diese Gelegenheiten des erzwungenen Wartens lassen sich tatsächlich sehr gut zum Meditieren nutzen.

Jede unerwartete und durch äußere Umstände erzwungene Unterbrechung meines Tuns und Handelns wird in mir Ungeduld, Widerwillen oder sogar Ärger auslösen. Statt mich dann aufzuregen, kann ich mich durch meditatives Atmen selbst beruhigen. Ich nehme mir Zeit für die körperlichen Gefühle der Nervosität, der Beklemmung oder des Schmerzes. Auf diese Weise baue ich die innere Unruhe ab, welche sich durch den ständigen Zeitdruck in meinem Leben aufgebaut hat.

Mit der Zeit werden die unangenehmen Empfindungen schwächer, die ich als Anfänger beim Meditieren spüre. Wie lange das dauert, mag höchst unterschiedlich sein. Habe ich meinen mentalen Druck über Jahre aufgebaut, lässt sich diese Last nur langsam abtragen. Außerdem wird sich mein vielbeschäftigtes Alltagsleben nicht von heute auf morgen grundlegend ändern. Schaffe ich es nicht, meine alltäglichen Belastungen zu verringern, wird auch der Druck, den ich während der Meditation empfinde, gewiss nicht so bald nachlassen.

Je öfter ich aber praktiziere, umso größere Fortschritte mache ich beim Meditieren. Irgendwann nehme ich kaum noch störende Gefühlsregungen wahr. Stattdessen stellt sich in meinem Körper meist schon zu Beginn meiner Atemübung das angenehme Gefühl der tiefen inneren Ruhe ein. Im Gegenzug ist es mir jetzt möglich, meine Meditationszeiten auszudehnen. Ich kann nun zehn, zwanzig oder dreißig Minuten am Stück meditieren und mich dabei die ganze Zeit dem angenehmen Wohlgefühl der ruhigen Entspanntheit widmen.

Mittels der formalen Atemmeditation habe ich gelernt, innere Ruhe zu entwickeln. Damit habe ich ein erstes Ziel auf meinem spirituellen Weg erreicht. Auch zukünftig werden zwischenmenschliche Auseinandersetzungen immer mal wieder unangenehme Gedanken und Gefühle in mir wachrufen, die mich kurzzeitig beunruhigen. Selbst die jahrelange Erfahrung mit der Meditationspraxis verhindert dies nicht. Im Wesentlichen kann ich mir jedoch meine Gelassenheit durch das Meditieren erhalten. Egal was passiert, indem ich meditativ atme, gelingt es mir, stets zu dem Gefühl der körperlichen Entspanntheit zurückzukehren. Die heilsame Erfahrung ganz in meiner Mitte zu ruhen, wird mir niemand mehr nehmen.

Ich muss einfach weiterhin beharrlich meine Atemmediation praktizieren und das Gefühl der inneren Ruhe wie eine empfindsame Pflanze hegen und pflegen. Es wird stetig wachsen und gedeihen. Diese Empfindung wird sich vertiefen und festigen. Mit der Zeit werde ich in meinem Alltag immer öfter von innerer Ruhe erfüllt sein. Das tiefe Gefühl der ruhigen Gelassenheit wird zu einem Anker, der mir in meinem Leben Halt gibt. Auch zeigt mir meine Ausgeglichenheit, welche Fortschritte ich auf dem spirituellen Weg schon gemacht habe. Ebenso wie ich bisher den unangenehmen Regungen bewusst die Aufmerksamkeit meines Geistes geschenkt habe, kann ich mich jetzt beim Meditieren gezielt dem wohligen Gefühl der gelassenen Entspanntheit widmen und sehen, wohin mich diese Empfindung mit der Zeit führen wird.

DIE WIRKUNGSWEISE DES MEDITIERENS

2.1 Vom Denken, Fühlen und Handeln
Um die Wirkungsweise des Meditierens zu verstehen, ist es zunächst einmal notwendig den inneren Zusammenhang zwischen dem Denken, Fühlen und Handeln näher zu betrachten. Mein Denken, Fühlen und Handeln hängen normalerweise unmittelbar miteinander zusammen. Jeder Gedanke kann in mir ein Gefühl wecken. Gute und heilsame Gedanken rufen angenehme Empfindungen hervor. Schlechte, sprich unheilvolle Gedanken lösen dagegen unangenehme Gefühle aus, die stets mit innerer Unruhe einhergehen. Unvoreingenommene, sprich wertfreie Gedanken wiederum sind mit keiner besonderen inneren Regung verbunden.

Wenn ich zum Beispiel an einen guten Freund denke, den ich gernhabe, verspüre ich Wohlgefühle. Erinnere ich mich hingegen an die Begegnung mit einer Person, deren Gesellschaft mir zuwider war, weckt dies unangenehme Gefühle, die mich beunruhigen. Im Gegensatz dazu dürften Gedanken an irgendeinen beliebigen Menschen, wie etwa einen Nachrichtensprecher aus dem Radio oder Fernsehen aller Wahrscheinlichkeit nach weder besonders angenehme Gefühlsregungen noch einen Anflug von Nervosität in mir wachrufen.

Meine Gefühle haben dabei grundsätzlich den Zweck, mich zum Handeln oder Nichthandeln zu bewegen. Weil ich mich bei meinem Freund wohlfühle, treffe ich ihn gern. Da ich mich in der Gegenwart eines unsympathischen Menschen unwohl fühle, versuche ich einem Treffen mit ihm möglichst aus dem Weg zu gehen. Ob ich einem bestimmten Nachrichtensprecher irgendwann einmal begegnen möchte oder nicht, hängt vielleicht davon ab, für wie berühmt ich diesen Menschen halte.

Bleiben wir aber noch kurz bei der weniger freundlichen Person. Ich selbst habe eine sehr liebe Bekannte, die mir bei einem Spaziergang im Wald Folgendes erzählt hat:

„Ich kenne da eine schrecklich unangenehme Frau. Ich bin mit dieser Frau verschwägert. Ich kann also nicht vermeiden, immer wieder bei verschiedenen Familienzusammenkünften diese grässliche Person zu treffen. Es ist mir nicht möglich, ihr aus dem Weg zu gehen. Diese Begegnungen werden für mich immer unerträglicher. Ich weiß gar nicht, was ich tun soll. Allein schon, wenn ich an diese unausstehliche Frau denke, werde ich mittlerweile aggressiv."

Es war ein sonniger Frühsommertag, an dem mir meine Freundin von dieser Frau berichtete. Die Luft im Wald war angenehm warm und frisch, als wir gemächlich an einigen hübsch anzusehenden kleinen Weihern entlangspazierten. Meine liebe Bekannte hatte für die beschauliche Umgebung jedoch keinen Blick mehr übrig. Statt dass sie den schönen Tag genossen hätte, war sie äußerst aufgebracht und innerlich erregt, während sie mir davon erzählte, wie sehr ihr die Treffen mit dieser Frau zuwider sind. Meine Freundin war ganz außer sich, obwohl diese für sie so unangenehme Person in dem Augenblick ja nicht einmal anwesend, sondern räumlich weit entfernt war. In den Gedanken meiner Bekannten war diese ihr so lästige Frau allerdings vollkommen gegenwärtig.

Dieses Beispiel zeigt, wie Gedanken meinen Geist beherrschen und mir meine innere Ruhe rauben können. Gedanken haben die Macht, unerwartet Gefühle in mir hervorzurufen, die dann mein Handeln oder Nichthandeln auf unheilvolle Art und Weise beeinflussen. Gedanken ebenso wie die damit verbundenen inneren Regungen können bewusst oder unbewusst mein Verhalten steuern.

Letztlich schränkt dieses gefühlsgesteuerte Verhalten meine persönliche Freiheit ein. Ist mir jemandes Gegenwart zuwider, so versuche ich dieser Person aus dem Weg zu gehen. Ich werde in meinem Tun und Lassen also abhängig vom Verhalten eines anderen Menschen oder gewisser äußerer Umstände.

Dieser Zusammenhang beschränkt mich darüber hinaus allerdings auch in meinem Gefühlsempfinden. Kann ich nicht vermeiden, mit einer Person, deren Gesellschaft mir unangenehm ist, zusammenzutreffen, so ruft dies zwangsläufig Gefühle der inneren Unruhe in mir wach, die mich belasten.

Meine Gefühlsregungen werden zum Spielball äußerer Umstände. Da ich viele dieser Umstände jedoch nicht beeinflussen kann, fühle ich mich gefangen. Ich fange an zu leiden. Dies gilt jedenfalls dann, wenn ich nicht lerne, bewusst auf meine Gefühle zu achten.

Meditation zielt unter anderem darauf, diese enge Verflechtung zwischen meinem Denken, Fühlen und Handeln aufzulösen. Solange meine Gedanken, meine Gefühle und mein Tun eng miteinander verflochten sind, handle ich nicht aus innerer Freiheit heraus. Mein Geist ist nicht Herr meines Denkens, Tuns und Lassens. Vielmehr werden sowohl mein Empfinden als auch mein Verhalten nahezu vollkommen von außen fremdbestimmt.

Infolgedessen handle ich weniger auf Grund wohl durchdachter Überlegungen, sondern eher unüberlegt ichbezogen aus einer Laune oder aus einer unwillkürlichen Gefühlsregung heraus. Umgekehrt gilt, wenn ich mich darum bemühe, diese emotionalen Verflechtungen aufzulösen, kann ich meinen Geist befreien. Ich kann dann aus innerer Freiheit handeln oder eben nicht handeln. Um nun in diesen Zustand der inneren Freiheit zu gelangen, muss ich mich in achtsamem Nichttun üben.

2.2 Vom achtsamen Nichttun

Auf den ersten Blick scheint die Atemmeditation keine Tätigkeit zu sein. Dies hat einen einfachen Grund. Ich bewege nämlich beim Meditieren meinen Körper nicht. Statt mich zu bewegen, sitze ich in meiner Meditationshaltung möglichst ruhig da. Es sieht so aus, als würde ich nichts tun, außer still dazusitzen und mich vermutlich in meine Gedanken zu versenken. Dieser falsche äußere Eindruck erklärt auch die leider irreführende Etymologie des Wortes *meditieren*, das – wie schon eingangs gesagt – vollkommen zu Unrecht so viel wie „nachdenken", „sinnend betrachten" oder „ermessen" bedeutet.

Ebenso trügt der Eindruck, Meditieren wäre mit Nichtstun gleichzusetzen. Für den Betrachter scheint es nämlich nur so, als würde ich beim

Meditieren wortwörtlich die Hände in den Schoß legen, um dann nichts zu tun und mich dabei vermutlich auch noch zu langweilen. Ja, wenn ich versuche auf diese Weise zu meditieren, werde ich sicherlich sogar sehr schnell Langeweile verspüren. In Wirklichkeit ist Meditieren aber kein Nichtstun, selbst wenn es eigentlich so aussieht.

Diese fast schon widersinnige Tatsache lässt sich durch folgende kleine Geschichte recht gut andeuten:

Zwei Mütter begegnen sich in einem Park. „Mein Sohn studiert Medizin", verkündet die eine stolz. „Mein Sohn meditiert", antwortet die andere. Darauf erwidert die erste Mutter: „Meditieren ist immer noch besser als rumsitzen und nichts tun!" (Kuhn 18)

Wenn nun aber Meditieren kein Nichtstun ist, was ist es dann? Harald Banzhaf und Stefan Schmidt beantworten diese Frage, indem sie die Atemmeditation kurz und knapp als Nichttun bezeichnen (85). Ich selbst würde noch etwas genauer von achtsamem Nichttun sprechen.

Nun mag der Begriff des achtsamen Nichttuns sehr treffend sein, um den Vorgang des Meditierens zu beschreiben. Gleichzeitig ist dieser Ausdruck aber für sich allein genommen sehr sperrig, weil nichtssagend. Ja, leicht kann er sogar in die Irre führen. Um wirklich verstehen zu können, was mit achtsamem Nichttun eigentlich gemeint ist, braucht es deshalb unbedingt eine nähere Erklärung.

Zunächst ist Folgendes festzustellen: Achtsames Nichttun unterscheidet sich grundlegend vom unachtsamen Nichtstun. Beim Nichtstun atme ich unbewusst. Ich bin gedankenverloren, verharre im Nachdenken und lasse meinen Geist treiben. Dementsprechend empfinde ich Nichtstun schnell als langweilig.

Ganz anders verhält es sich mit dem Nichttun. Hier achte ich bewusst auf meine Atmung. Ich bin bedacht und aufmerksam. Ich verliere mich nicht in meinen Gedanken. Stattdessen befreit das Nichttun meinen Geist ein Stück weit aus meiner Gedankenwelt. Nichttun erlebe ich daher als sehr erfüllend, je länger ich mich damit beschäftige. Es ist in der Tat bewusstes Handeln, obwohl es überhaupt nicht so aussieht.

Dabei bin ich beim achtsamen Nichttun in der Meditation, so merkwürdig und wenig nachvollziehbar es auf den ersten Blick scheinen mag, eben keineswegs untätig. Vielmehr bin ich zutiefst tätig, sobald ich meditiere. Allerdings erschließt sich die Tätigkeit des Meditierens für einen Beobachter nicht, eben weil mein Tun auf ein äußerstes Mindestmaß verringert ist und gar nicht beobachtet werden kann. Ich beschränke mich auf die wohl einfachsten zwei Tätigkeiten, welche mir überhaupt möglich sind, mein Atmen und mein Fühlen.

Bei der formalen Atemmeditation stelle ich absichtlich alle anderen Handlungen ein, um mich nur noch meiner Atmung und meinem körperlichen Empfinden zu widmen. Selbst wenn ich deshalb äußerlich ruhig dasitze, untätig bin ich nicht. Ich achte auf meine Körperhaltung. Vor allem aber atme ich jetzt nicht mehr unbewusst, sondern bewusst. Ich achte auf meine Atemzüge. Ich atme ein. Dann atme ich aus. Ich steuere meine Atmung willentlich. Ich atme ruhig und gleichmäßig. Ich atme nicht zu flach und nicht zu tief. Mein bewusstes Tun besteht aus dem achtsamen Atmen. Während ich regelmäßig ein- und ausatme, spüre ich gleichzeitig in meinen Körper hinein. Ich erspüre, wo mich mein hektisches Alltagsleben in Unruhe versetzt. Ich schenke der Empfindung meiner Rastlosigkeit Beachtung. Meditieren bedeutet also, bewusst zu atmen und aufmerksam hinein in meinen Körper zu spüren.

2.3 Vom Zweck des achtsamen Nichttuns

Meditatives Nichttun ist tatsächlich kein Nichttun, eben weil achtsames Atmen und das gleichzeitige Hineinspüren in meinen Körper zwar grundsätzlich nicht beobachtbar, aber nichtsdestotrotz bewusste Tätigkeiten sind. Um jedoch diesen Begriff besser zu verstehen, ist es wichtig, einen weiteren Gedanken zu betrachten. Nichttun bedeutet, meinen inneren Handlungsdrang absichtlich zu unterbrechen.

Im Alltag werde ich für gewöhnlich von einem inneren Drang zum Handeln getrieben. Viele meiner Tätigkeiten laufen dabei fast wie von selbst ab. Bei meinem gewohnheitsmäßigen Tun muss ich gar nicht viel denken. Ich handle ohne lange Überlegungen. Auch bin ich gedanklich meist schon mit dem nächsten oder übernächsten Schritt beschäftigt. Hinzu kommt noch etwas anderes. Mein alltägliches Tun und Lassen wird oft von unbewussten inneren Regungen bestimmt oder mein eigensinniger Ehrgeiz treibt mich an.

Wenn ich mir bei der formalen Praxis Zeit zum achtsamen Nichttun nehme, so verweigere ich mich meinem inneren Handlungsdrang. Ich zwinge mich zu äußerer Ruhe. Absichtlich setze ich einmal nicht wie sonst jeden Gedanken sofort in die Tat um. Vielmehr durchbreche ich durch mein Nichttun ganz bewusst die enge Verflechtung zwischen meinem Denken, Fühlen und Handeln. Dieses Nichttun ruft dann ganz zwangsläufig die ins Unterbewusste verdrängte innere Unruhe wach. Sobald ich mich beim

Meditieren meinem inneren Handlungsdrang verweigere, meldet sich dieser als körperliches Unwohlsein. Deshalb muss ich beim Nichttun auf meine Atmung achten.

Indem ich meditativ atme, widme ich mich den starken unangenehmen Gefühlen, die mein Nichttun auslöst. Ich atme achtsam. Gleichzeitig spüre ich bewusst in meinen Körper hinein. Ich achte auf das drängende Gefühl meiner inneren Unrast. Durch gleichmäßiges Atmen löse ich diesen Drang auf. Ich beruhige mich mittels meines Atems.

Diese Selbstberuhigung kann mitunter sehr anstrengend sein. Je mehr Durcheinander in meinem Leben herrscht, umso ausgeprägter ist mein Handlungsdrang. Nach einer Weile des achtsamen Atmens kommt mein Körper allerdings zur Ruhe. Die unangenehmen Gefühle lösen sich allmählich auf. Meine Rastlosigkeit klingt ab. Stattdessen verspüre ich das angenehme Gefühl der Gelassenheit.

Unter Umständen scheint mir das drängende Gefühl meines Gedankenflusses jedoch übermächtig zu sein. In diesem speziellen Fall würde ich persönlich ausnahmsweise zu einer einfachen Gedankenübung raten, um meinen Handlungsdrang zu überlisten.

Beispielsweise kann ich beim meditativen Atmen in Gedanken gleichzeitig zählen. Entweder ich spreche beim Einatmen in Gedanken die Zahl eins und beim Ausatmen die Zahl zwei. Oder aber ich zähle fortlaufend weiter, wobei ich mir beim Einatmen die ungeraden und beim Ausatmen die geraden Zahlen denke.

Alternativ zum Zählen bietet sich auch ein einfaches Mantra an, das ich entsprechend meiner religiösen oder weltanschaulichen Gesinnung frei wählen kann. Am besten dieses Mantra besteht dann nur aus zwei Worten, da es in der Tat eher schwierig ist, in einem Atemzug mehr als ein Wort zu denken.

Als Christ kann ich beispielsweise in meinen Gedanken beim Einatmen den Namen *Jesus* und beim Ausatmen den Titel *Christus* sprechen. Ein Jude oder Moslem könnte Gott stattdessen mit den Worten *Großer Gott* anrufen.

Es gibt sogar eine noch wirkungsvollere Möglichkeit, um massives Gedankenkreisen zu unterbrechen. Dazu atme ich so tief wie nur irgend möglich ein, damit ich stark gähnen muss. Ich warte also nicht darauf, bis ich durch das meditative Atmen ins Gähnen komme, sondern ich zwinge mich gleich von Anfang an dazu. Das kann ruhig so weit gehen, dass mir vom vielen Gähnen die Augen tränen.

Sehr gut lässt sich dieses gähnende Meditieren im Liegen durchführen. Ich persönlich lege mich dazu meist auf mein Bett. Oder aber ich lege mich in der regenerativen Rückenlage (engl. *semi-supine*) auf den Boden und breite dabei, wenn es sich für mich bequem anfühlt, die Arme weit aus.

Durch dieses meditierende Gähnen sollte es mir in der Regel gelingen, meinen Gedankenfluss selbst in sehr angespannten Momenten zu beruhigen. Nach einer Weile des tiefen Atmens und starken Gähnens kommt mein Denken zur Ruhe. Anschließend kann ich nun noch eine Weile normales achtsames Atmen üben, bis ich am Ende wieder ganz entspannt bin.

2.4 Vom Verdrängen unangenehmer Gefühle

Grundsätzlich wollen meine Gefühle bewusst beachtet werden. Das gilt für die angenehmen ebenso wie für die unangenehmen. Nur wenn ich all meinen inneren Regungen Aufmerksamkeit schenke, können sich diese in heilsame Gedanken verwandeln. Unter Umständen habe ich aber nie gelernt, störende Gefühlsregungen durch achtsames Atmen anzunehmen und aufzulösen. Ich will mich dann mit diesen Gefühlen auf der bewussten Ebene nicht auseinandersetzen. Ich möchte diese Empfindungen am liebsten loswerden, schlicht und einfach deshalb, weil ich nicht weiß, was ich damit anfangen soll. Statt ihnen absichtlich nachzuspüren, habe ich wahrscheinlich äußerst unheilvolle Verhaltensweisen entwickelt, unliebsamen Empfindungen so weit als möglich aus dem Weg zu gehen, sprich sie zu verdrängen.

Erfassen mich beispielsweise Ärger, Neid oder Eifersucht, so weckt dies Aggressionen in mir. Wenn ich dürfte, wie ich wollte, würde ich meine Wut am liebsten ungehindert an meinen

Peinigern auslassen. Normalerweise ist dies aber nicht möglich. Die gesellschaftlichen Umgangsformen verbieten es mir vollkommen zu Recht, meine aggressiven Gefühle einfach hemmungslos auszuleben.

Eben weil ich es nicht besser gelernt habe, neige ich vielleicht dazu, solche starken Empfindungen abzulehnen. Statt diese anzunehmen, verdränge ich sie ins Unterbewusstsein, von wo aus sie nicht nur mein selbstbezogenes Denken, sondern darüber hinaus meinen Unmut gegenüber einem Teil meiner Mitmenschen nähren. Diese Missstimmung wird sich in der Folge als schlechte Gedanken und böswillige Rede Bahn brechen.

Oder aber ich verdränge meine Wut in einen anderen Lebensbereich, in dem die Gesellschaft Aggressionen scheinbar hinnimmt. Dies gilt zum Beispiel für den Bereich des Sports. Ich könnte meine aggressive Willenskraft dort ausleben. Im besten Fall wird mich meine Angriffslust so zu sportlichen Höchstleistungen anspornen. Wahrscheinlicher ist es jedoch, dass ich durch mein ungehemmtes Verhalten im hitzigen Wettkampf in unangemessener Weise mit anderen Sportlern aneinandergerate. Mitunter führt die aufgeheizte Stimmung dann schließlich sogar zu regelrechten Gewaltausbrüchen, die am Ende rein gar nichts mehr mit fairem sportlichem Wettbewerb zu tun haben.

Letztlich ist die Flucht in den Sport kein heilsamer Weg mit Aggressionen umzugehen. Statt mich mit diesen Gefühlen bewusst auseinanderzusetzen, verdränge ich sie von einem Lebensbereich in einen anderen. Ich übertrete und verletze Grenzen zwischen Bereichen, die voneinander getrennt sein sollten.

Grenzverletzungen gleich welcher Art sind ja zu Recht seit jeher verboten, eben weil sie das Zusammenleben gefährden. Grenzen gelten, wie Anselm Grün und Ramona Robben sehr ausführlich darlegen, nicht umsonst als heilig (28–33). Wenn es beispielsweise im Arbeitsalltag zu zwischenmenschlichen Spannungen kommt, ist es nicht ratsam, diese Gefühle mit ins Privatleben hineinzunehmen.

Tatsächlich haben Aggressionen eigentlich einen heilsamen Zweck, insofern sie mir dabei helfen können, mich abzugrenzen, was eine grundlegende Fähigkeit ist, damit mein Leben gelingt, worauf Grün und Robben ebenfalls hinweisen (49–54).

Spüre ich während der Arbeit Wutgefühle in mir aufkommen, muss ich den Ursachen dafür auch in meinem Berufsleben auf den Grund gehen. Indem ich diese starken Empfindungen in der Atemmeditation auflöse, verwandle ich sie in innere Ruhe und heilsame Gedanken. Auf diese Weise kann ich meine Aggressionen ganz gezielt dazu nutzen, mich in meiner Arbeit besser abzugrenzen. Dies führt zu mehr Klarheit im beruflichen Miteinander.

Umgekehrt gilt, wenn ich aggressive Gefühle aus dem beruflichen in den privaten Alltag mit hineinnehme, so verschwimmen die Grenzen zwischen diesen beiden Bereichen, was zu mehr Unklarheit führt. Besonders schlimm werden derartige Grenzverletzungen, wenn ich meine angestaute Wut in meiner Partnerschaft oder in meiner Familie hemmungslos auslebe. In diesem Fall wirken diese starken Gefühle zwangsläufig zerstörerisch.

Genauso schwer wie mit Aggressionen fällt es mir vielleicht mit Angst, Scham oder Trauer umzugehen. Diese Empfindungen wecken Leid in mir. Ich habe jedoch unter Umständen nie gelernt, kummervolle Gefühle zuzulassen. Weil ich es nicht besser weiß, verbiete ich mir, in leidvollen Augenblicken zu weinen. Statt meinen Kummer aufzulösen, unterdrücke ich ihn. In der Folge fangen die Gedanken in meinem Kopf zu kreisen an.

Um diesem quälenden Gedankenkarussell zu entkommen, flüchte ich mich vielleicht in mir angenehme Tätigkeiten. Eigentlich müsste ich mich mit meinem Kummer bewusst auseinandersetzen. Stattdessen lenke ich mich davon ab, indem ich mich ausgiebig meinen Lieblingsbeschäftigungen widme. Ich will mir Glücksgefühle verschaffen. Ich glaube, ich könnte mein gefühltes Leid durch angenehme Empfindungen aufwiegen.

Ohnehin bleiben meine Gefühle in der Hektik des Alltags häufig genug auf der Strecke. Dies gilt in besonderer Weise für die unangenehmen Empfindungen. Gerade diese hemmen mich in meinem alltäglichen Handeln. Es scheint daher verlockend, störende Gefühlsregungen einfach durch gesteigerte Geschäftigkeit beiseitezuschieben. Ich beschäftige mich, um mich abzulenken. Ich meine, ich könnte mich so von allen unliebsamen inneren Regungen befreien.

Hier unterliege ich aber einem schweren Irrtum. Durch Ablenkung kann ich störende Empfindungen keinesfalls auflösen. Diese verschwinden so nicht. Vielmehr verdränge ich sie ins Unterbewusstsein, wo diese unbewältigten Gefühle schließlich zu einer depressiven Dauerbelastung für meinen Geist werden. Die unterdrückten Gefühlsregungen prägen dann mein Denken und Handeln, ohne dass ich mir dessen bewusst bin. Noch unheilvoller aber ist das Folgende: Da ich alles Unangenehme ständig beiseiteschieben muss, komme ich gar nicht mehr zur Ruhe. Mein ganzes Leben wird immer mehr von äußerer Geschäftigkeit und innerer Rastlosigkeit bestimmt. Ich gerate aus meiner Mitte. Ich bin nicht mehr Herr, sondern Sklave meines unruhigen Lebens.

2.5 Vom ichbezogenen Denken

Die Praxis der Meditation zielt nicht nur darauf innere Ruhe zu entwickeln und zu pflegen. Vor allem soll das Meditieren meinen Geist vom ichbezogenen Denken befreien. Meine Ichbezogenheit wirkt nämlich wie eine Kluft, die mich von der Wirklichkeit des Hier und Jetzt meines Lebens trennt. Vor allem aber schneidet sie mich von meiner Gefühlswelt ab. Ja, tatsächlich nimmt mein selbstsüchtiges Denken stets dort seinen Anfang, wo ich zu wenig auf mein Herz achte. Wenn ich nicht in rechter Weise Rücksicht auf meine Gefühle nehme, sondern lästige Empfindungen vor allem verdränge, so fühle ich mich zwangsläufig unzufrieden. Und diese wachsende Unzufriedenheit nährt mein selbstbezogenes Denken.

Sobald ich nicht zufrieden bin, blicke ich meist unwillkürlich nach außen. Es erscheint mir naheliegend, in meiner Umwelt oder bei meinen Mitmenschen nach den Ursachen für meinen Missmut zu suchen. Ich fange an, darüber nachzudenken, was ich an den äußeren Gegebenheiten meines Lebens ändern könnte. Ich glaube, um mich wieder zufrieden fühlen zu können, müsste ich meine Umwelt lediglich so umgestalten, dass diese meinen persönlichen Wunschvorstellungen entspricht.

Dieses Denken ist weitverbreitet. Viele Menschen suchen die Schuld an ihrem Leid bei ihren Mitmenschen oder bei scheinbar nicht idealen äußeren Umständen. Bin auch ich ein Mensch, der so denkt, dann werde ich von meiner selbstbezogenen Willenskraft regelrecht getrieben. Ich mache mir alle möglichen Vorstellungen davon, wie mein Leben im besten Fall sein sollte. Ich erträume mir ein Ideal. Gleichzeitig fange ich an, darunter zu leiden, dass die wirkliche Welt eben keineswegs so ist, wie ich persönlich mir dies vorstelle.

Dementsprechend verbringe ich wahrscheinlich viel Zeit meines Lebens damit, wenigstens einen Teil meiner Wünsche Wirklichkeit werden zu lassen. Ich setze mir ein ehrgeiziges Ziel, das ich mit viel Mühe verfolge. Erreiche ich dieses am Ende, so verspüre ich jedoch nur kurzzeitig Erleichterung. Schon wenig später klingt meine Zufriedenheit wieder ab. Ich fühle mich erneut unzufrieden. Weil ich es nicht besser weiß, versuche ich einen anderen Traum zu verwirklichen. Aber auch dieser kann mir keinen inneren Frieden verschaffen. Auf diese Weise treibt mich mein eigensinniges Wünschen und Wollen dazu, meinem Leben ständig eine neue Richtung zu geben. Ich kremple mein Leben stets aufs Neue um, ohne jemals bei mir selbst anzukommen. Am Ende erschöpfe ich meine ganze Kraft. Völlig sinnlos verschwende ich meine wertvolle Lebenszeit.

Gleichzeitig bin ich mir meines eigenen Tuns immer weniger bewusst, denn mein Geist wird von den selbstbezogenen Gedanken buchstäblich verblendet. Ich begreife nicht, dass meine

Unzufriedenheit von innen kommt. Ich glaube, um Zufriedenheit finden zu können, müsste ich meinen Willen gegen äußere Widerstände durchsetzen. Aus diesem Grund betrachte ich einen Teil meiner Mitmenschen nur noch als Gegner. Dies gilt insbesondere für die Menschen, deren Handeln vermeintlich meinem Willen zuwiderläuft. Am Ende wird die gedankliche Kluft, die mich von vielen meiner Mitmenschen trennt, größer und größer.

Hinzu kommt noch etwas viel Schlimmeres: Je weniger ich auf meine Gefühle achte, umso stärker wird mein gieriges Wünschen und Wollen. Mein Geist verliert sich zunehmend im Nebel dieser Gier. Der ichbezogene Gedankennebel verstellt mir den Blick auf das Hier und Jetzt. Statt mein Leben anzunehmen, wie es ist, hadere ich mit meinem Schicksal. Zufriedenheit werde ich auf diese Weise niemals finden, da das Verlangen meiner Selbstsucht unersättlich ist. Für mich selbst aber geht mit der Übermacht meiner Ichbezogenheit der vollkommene Verlust meiner inneren Freiheit einher.

2.6 Vom Annehmen unangenehmer Gefühle

Durch das Meditieren gerät mein Geist in Beziehung zu meinem Herzen, sprich zu meiner Gefühlswelt. Vor allem eröffne ich mir durch mein meditatives Atmen einen Zugang zu den verdrängten Gefühlen. Dies ist deshalb wichtig, eben weil Unzufriedenheit häufig gar nicht durch einen äußeren Mangel entsteht. Über die wesentlichen Grundbedürfnisse hinaus können mir materieller Besitz und weltlicher Genuss nämlich kein dauerhaftes Wohlbefinden schenken. Vielmehr fühle ich mich zwangsläufig unzufrieden, wenn ich unangenehme Empfindungen verdränge.

Umgekehrt gilt daher das Folgende: Beständige Zufriedenheit erlange ich nur, indem ich achtsam mit meinen Gefühlen bin. Insbesondere darf ich störende innere Regungen nicht ablehnen und durch meine Willenskraft oder durch Geschäftigkeit in mein Unterbewusstsein verdrängen.

Stattdessen muss ich diesen Empfindungen meine ganze Aufmerksamkeit schenken. Wenn ich unangenehmen Gefühlsregungen eine Weile bewusst nachspüre, können diese ganz allmählich abebben. Auch die belastenden Gedanken lösen sich dann auf. Auf diese Weise kann ich meinen Geist aus den Fesseln meiner Gedankenwelt befreien.

Im Alltag bestimmt häufig der Kopf mein Denken und Handeln. Nicht selten kommt mein Herz zu kurz. Im Unterschied dazu lege ich in der Meditation eine bewusste Pause ein. Ich gönne mir eine Auszeit, um mich den in der Hektik des Alltags sonst so oft vernachlässigten Gefühlen zu widmen. Vor allem nehme ich mir Zeit für all das Unangenehme, das ich ansonsten meist weitgehend verdränge. Weil ich äußere Ruhe einhalte, werden in mir alle unangenehmen Regungen aus dem Unterbewusstsein wachgerufen. Ich werde mir meiner verdrängten Empfindungen und der damit verbundenen belastenden Gedanken wieder bewusst.

Ich widme mich meinen Gefühlen aber nicht mit dem Kopf, indem ich darüber nachdenke, was mich belastet. Vielmehr nehme ich mich meiner inneren Regungen mit dem Herzen an. Ich spüre achtsam in meinen Körper hinein. Ich nehme mir Zeit dafür, meine Gefühle körperlich wahrzunehmen. So versöhne ich meinen Kopf mit meinem Herzen. Ich bringe mein Denken mit meinem Fühlen in Einklang.

Diese Versöhnung bewirke ich mittels meines Atems. Durch achtsames Atmen nehme ich meine Gefühlsregungen auf der körperlichen Ebene wahr. Ich meditiere, indem ich mit jedem Atemzug ganz gezielt erspüre, wo sorgen- oder leidvolle Gedanken meinen Körper in Form unangenehmer Empfindungen belasten. Nach einer Weile des meditativen Atmens löst sich meine innere Anspannung. Gleichzeitig verlieren die Sorgen und das Leid nun ihre unheilvolle Macht über meinen Geist. Mein Kopf wird wieder frei.

Um heilsam leben zu können, darf ich aber nicht dabei stehen bleiben, unangenehme innere Regungen durch achtsames Atmen anzunehmen. Ich muss darüber hinaus lernen, der Botschaft meiner Gefühle grundsätzlich zu trauen.

Meine Empfindungen sind ein wichtiger Teil meiner Wahrnehmung. Sie wollen mich warnen und leiten. Ja, tatsächlich kann meine schöpferische Willenskraft nur dort auf heilsame Weise fruchtbar werden, wo sie mit meinen Gefühlsregungen gepaart ist. Dies gilt auch und gerade für die unliebsamen Gefühle.

Wenn ich störende Empfindungen verdränge, weil ich ihnen misstraue, so blende ich einen Teil meiner Wahrnehmung aus. Infolgedessen wird mein Tun und Lassen von selbstbezogenen Gedanken gelenkt. Ich setze ausschließlich auf meine reine Willenskraft. Der Kopf beherrscht das Herz. Mein Handeln wird so für mich und meine Mitmenschen Unheil zeitigen. Egal wie gut meine Absichten auch sein mögen, meine ungehemmte Willenskraft dient in diesem Fall zwangsläufig dazu, selbstsüchtige Wünsche und Vorstellungen gegen äußere Widerstände durchzusetzen. Nicht selten wirkt die Kraft meines Geistes dann zerstörerisch, eben weil mir mein eigensinniges Denken den Blick auf meine Mitmenschen und meine Umwelt trübt.

Besser ist es, wenn ich stattdessen lerne, meinen Gefühlen zu vertrauen, da diese meine Geisteskräfte in heilsame Bahnen lenken. Achte ich auf mein Herz ebenso wie auf mein Bauchgefühl, indem ich mich stets in meditativem Atmen übe, dann wird der Schleier meines ichbezogenen Gedankennebels sich nach und nach auflösen. Ich blicke jetzt mit klaren, sehenden Augen auf die wahre Wirklichkeit meines Lebens und der Welt um mich herum.

Auf Grund dieser veränderten Sichtweise werde ich meine Kräfte nun nicht länger unnötig erschöpfen, um selbstsüchtige Träumereien zu verfolgen, die mir keine dauerhafte Zufriedenheit schenken. Es geht mir nicht länger darum, die unersättliche Gier meines Wünschens und Wollens zu befriedigen. Vielmehr entdecke ich jenseits meiner ichbezogenen Gedankenwelt meinen wahren Willen. Mein Denken und Tun dienen jetzt schöpferischen Zielen, welche sowohl für mich selbst als auch für meine Mitmenschen, die Natur und all ihre Geschöpfe gut, sprich heilsam sind.

2.7 Vom Aufwachen

Da der Begriff der Meditation nicht eindeutig festgelegt ist, wird er bedauerlicherweise häufig falsch verwendet. Vor allem wird die Praxis der Meditation nicht selten als geistige Versenkung verstanden. So werden Texte oder Bilder, die zum nachdenklichen Betrachten anregen sollen, gerne als Meditationen bezeichnet. Tatsächlich gehört das geistige Betrachten von Texten oder Bildern aber in den Bereich der Kontemplation. Bei der Kontemplation versenke ich mich in ein Thema oder einen Gedanken, indem ich verstärkt darüber nachdenke.

Völlig anders verhält es sich bei der Meditation. Hier geht es keinesfalls darum, mich nachdenklich in ein Thema oder einen Gedanken zu vertiefen. Der Begriff der geistigen Versenkung ist deshalb gänzlich unangebracht. Vielmehr gilt das genaue Gegenteil. Meine meditative Selbstberuhigung soll mich ein Stück weit aus meiner Gedankenwelt aufwecken. Dementsprechend ist es in diesem Zusammenhang besser von *Aufwachen* oder *Wachwerden* zu sprechen.

Daher geht es auch am Wesentlichen vorbei, wenn gewisse Praktiken, die dazu dienen sollen, den Geist von der Gegenwart abzulenken, als meditative Übungen bezeichnet werden. So setzen Meditationslehrer gerne Geschichten ein, mittels derer die Zuhörer auf eine Gedankenreise geschickt werden. Vor deren geistigem Auge sollen Bilder von beschaulichen Berglandschaften oder einsamen Traumstränden entstehen. Oder die Meditierenden sollen sich zum Beispiel einen Wasserfall aus Licht vorstellen, unter welchem sie duschen würden, weil dies angeblich eine reinigende Wirkung für die gequälte Seele hätte.

Spätestens hier ist jedoch Vorsicht geboten, da derartige Gedankengänge in die gefährliche Ecke esoterischer Pseudospiritualität führen. Zwar mögen solche Übungen auf den einen oder anderen Menschen eine beruhigende Wirkung haben. Mit echter Meditation hat das alles aber sehr wenig zu tun, weshalb diese und ähnliche Praktiken keinesfalls als Formen der Meditation bezeichnet werden sollten.

Im Gegensatz dazu lerne ich bei der echten Meditation, Rücksicht auf meine Gefühle zu nehmen. Ich entwickle innere Ruhe und diese wiederum schenkt mir Zufriedenheit. Das tiefe Gefühl des inneren Friedens führt dann mit der Zeit dazu, dass die ichbezogenen Gedanken von selbst anfangen, ihre Macht über meinen Geist zu verlieren. Dieser beginnt nach und nach, sich von meinem Denken zu lösen. Das ist ein allmählicher Vorgang, der mitunter Monate, wenn nicht sogar Jahre der Meditationspraxis erfordert. Irgendwann kommt schließlich jedoch der Augenblick, da sich der Geist zum ersten Mal von meinen Gedanken löst. Schritt für Schritt wache ich aus meiner selbstbezogenen Gedankenwelt auf.

Selbstverständlich höre ich durch mein Meditieren aber auch nicht auf zu denken. Yongey Mingyur Rinpoche stellt hier zu Recht sehr treffend fest, dass es die natürliche Eigenschaft des Geistes ist, Gedanken hervorzubringen. Meditation kann also niemals darauf zielen, den Gedankenfluss völlig zum Versiegen zu bringen.

Selbst wenn es theoretisch möglich wäre, das Nachdenken durch meditative Übungen vollkommen zu unterbinden, so könne dies kaum wünschenswert sein, da es für den Geist ein höchst unheilvoller, weil unnatürlicher Zustand wäre (*Buddha* 113f. sowie 210f.).

Meine Gedanken kommen und gehen auch weiterhin. Aber durch mein Meditieren beruhigt sich mein Denken. Der Gedankenstrom fließt jetzt deutlich langsamer. Vor allem verringert sich die Zahl meiner selbstsüchtigen Gedanken. Diese verschwinden zwar nicht gänzlich. Jedoch hebt sich mein Geist nun von meiner unheilvollen Ichsucht ab. Mein Denken tritt hinter den Geist zurück.

Statt mit meinen Gedanken verbindet sich der Geist immer stärker mit dem gegenwärtigen Augenblick. Ich bin wach. Mein Denken ist klar. Meine Aufmerksamkeit wird größer. Mein bisher enges Blickfeld weitet sich. Mehr denn je bin ich mir meiner selbst und meiner Umwelt gewahr. Ich nehme umfassend all das wahr, was im Hier und Jetzt gerade geschieht.

2.8 Vom Gewahrsein

Durch meine innere Ruhe erlebe ich schließlich einen geistigen Zustand, der sich am ehesten mit dem Begriff des Gewahrseins bezeichnen lässt. Werde ich mir und meiner Umwelt gewahr, so ruht die Aufmerksamkeit meines Geistes ganz auf dem Hier und Jetzt des Augenblicks. In meinen Gedanken beschäftige ich mich nicht mehr in erster Linie mit der Zukunft oder der Vergangenheit. Stattdessen bin ich gedanklich weitgehend auf die Gegenwart ausgerichtet.

Dieses Gewahrsein unterscheidet sich grundlegend von der Konzentration. Während ich mich konzentriere, widme ich mich einer bestimmten Aufgabe mit ganzer Geisteskraft. Meine Aufmerksamkeit ruht vollkommen auf dieser einen Tätigkeit. Ich verdränge absichtlich alles, was mich ablenken könnte. Ich schiebe vor allem störende Gedanken beiseite. Ich achte ausschließlich auf das, was mir jetzt gerade wichtig ist. Durch dieses bewusste Verdrängen verliere ich jedoch zwangsläufig meine Umgebung aus den Augen. Ich blende große Teile des Hier und

Jetzt aus. Mein Blickfeld wird durch die Konzentration also eingeschränkt.

Völlig anders verhält es sich, wenn ich durch Meditation zum Zustand des Gewahrseins aufwache. Dieses Wachwerden braucht keinerlei Kraftanstrengung. Vielmehr geschieht es vollkommen mühelos. Ich muss mich in diesem Zustand nicht anstrengen, um störende Gedanken beiseitezuschieben.

Vor allem werde ich mir der Klarheit meines Geistes gewahr. Je tiefer mein Gewahrsein, umso klarer mein Denken. Und je klarer mein Denken, desto mehr verlieren die selbstbezogenen Gedanken ihre Macht über meinen Geist. Dieser löst sich zunehmend von meiner Gedankenwelt. Ich begreife, dass mein Geist unabhängig von meinem Denken besteht. Da sind meine Gedanken. Hier ist mein Geist. Denken und Geist sind nicht ein und dasselbe. Anders gesagt, ich trete einen Schritt zurück und fange an, mit meinem Geist meine Gedanken wahrzunehmen. Ich werde tatsächlich zum Beobachter meiner Gedankenwelt.

Meine Aufmerksamkeit wird jetzt nicht länger von vielen unnützen, weil selbstsüchtigen Träumereien in Beschlag genommen. Diese unheilvollen Wünsche verstellen mir nicht mehr den Blick auf mein Leben. So erkenne ich jetzt die zahllosen Gestaltungsmöglichkeiten, die mir jeder neue Augenblick schenkt. Weil mich aber meine Selbstsucht nicht länger lähmt, kann ich nun aus diesen schier unendlichen Möglichkeiten eine sinnvolle, sprich heilsame Auswahl treffen. Treffe ich meine Wahl aus dieser inneren Klarheit heraus, so werden mir meine Entscheidungen glücken.

Keinesfalls geht es beim Meditieren also darum, mich mit meinem Schicksal abzufinden. Ich soll mich nicht still hinsetzen, um dann ungerührt und tatenlos allem Geschehen zuzuschauen. Nichts könnte der Wahrheit ferner liegen. Verstünde ich die Praxis der Meditation als Aufforderung, alles persönliche und fremde Ungemach schicksalsergeben zu erdulden, dann würde mich dies letzten Endes nur abstumpfen lassen und in Verzweiflung treiben.

Das genaue Gegenteil ist vielmehr wahr. Erst durch meine meditative Praxis verschaffe ich mir die gedankliche Klarheit, die es mir ermöglicht mein Leben dort zu verändern, wo es wirklich nötig ist. Ich fange an, heilsam an mir und meinen Mitmenschen zu handeln. Statt unachtsam handle ich achtsam, eben weil ich mir jetzt stets bewusst bin, welche Folgen mein Handeln im Guten wie im Schlechten hat.

Mit dieser Klarheit des Denkens geht dann ein tiefes Gefühl des Friedens und der inneren Freiheit einher. Meine ichbezogenen Gedanken lähmen mich nicht länger. Ich bin in meinem Tun und Lassen nun völlig frei. Ich bin losgelöst von meiner Selbstsucht ebenso wie von den oftmals überzogenen Erwartungen meiner Mitmenschen. Innerlich spüre ich die ganze Fülle der Geisteskraft, mit der ich selbstbewusst mein Leben in die Hand nehme. Gleichzeitig ruht mein Geist im Hier und Jetzt. Ich erlebe jeden Augenblick in all seiner Schönheit. Ich bin erfüllt von innerer Ruhe und Gelassenheit. Ich fühle mich zufrieden. Ich bin glücklich.

SCHLUSSGEDANKEN

Der Zauber des Meditierens offenbart sich nur allmählich. Stehe ich noch am Anfang meines spirituellen Weges, so ist mein Geist wahrscheinlich völlig verwirrt. Ich bin in meinem selbstbezogenen Denken gefangen. Vieles erscheint mir unklar, unverständlich, ja rätselhaft. Nach und nach aber löst sich meine Verwirrung. Ich fange an aufzuwachen. Ich erkenne mehr und mehr die heilsame Kraft der Meditation.

Besonders wichtig ist diese Methode immer dann, wenn ich von Ruhelosigkeit erfasst werde. Letztlich geht es beim spirituellen Weg nämlich stets darum, meinen Geist von der Macht der inneren Unruhe und den damit verbunden sorgenvollen Gedanken zu befreien, um stattdessen tiefe innere Ruhe zu entwickeln. Denn einzig und allein Gelassenheit kann meinen Geist aus allen gedanklichen Fesseln lösen. Es ist also heilsam, mir Zeit zum Meditieren zu gönnen. Je öfter ich mich gerade in aufwühlenden Augenblicken durch achtsames Atmen selbst beruhige, umso größere Erfolge werde ich auf meinem spirituellen Weg haben.

Mein wahres Leben beginnt, sobald sich mein Geist vom ichbezogenen Denken löst. Nicht nur, dass ich mich und meine Umwelt nun mit ganz anderen Augen sehe. Mein Leben wird sich dadurch auch vollkommen verändern, obwohl rein äußerlich betrachtet vieles vielleicht erst einmal gleichbleibt.

Jetzt jedoch verstehe ich, worauf es im Leben wirklich ankommt. Ich erkenne, was stimmig ist an meinem Leben. Gleichzeitig fange ich an, alle Unstimmigkeiten zu bereinigen. Vor allem aber begreife ich, wie froh und dankbar ich für mein Leben sein darf, so wie es mir geschenkt wurde. Ja, ich werde mir bewusst, dass nicht wenige meiner geheimsten Wünsche und Sehnsüchte längst schon in Erfüllung gegangen sind.

NACHWORT

Mein persönlicher spiritueller Weg begann völlig unfreiwillig im Sommer 2011. Damals bin ich durch einen tiefen emotionalen Schock aus meiner dunklen, depressiven Gedankenwelt aufgeweckt worden. Bis dahin hatte ich, ohne dass ich mir dessen jemals bewusst gewesen wäre, nahezu mein ganzes Leben unter schweren Depressionen gelitten, die ihre Ursache in übermächtigen Zwängen hatten, welche Folge einer familiär tradierten Angststörung waren.

Der emotionale Schock traf mich mit solcher Wucht, dass ich den damit verbundenen herzzerreißenden Schmerz nicht wie sonst immer verdrängen konnte. Ohne recht zu wissen, was ich tat, machte ich diesmal das einzig Richtige. Ich setzte mich still hin und beruhigte mich selbst, indem ich in diesen überwältigenden Schmerz hineinatmete. Und dieser heftige Seelenschmerz hat meine depressiven Gedankenwelten regelrecht zerfetzt.

Im Zuge dieses ersten großen Aufwachens gelang es mir, meine tiefsitzende innere Ängstlichkeit ein für alle Mal zu überwinden. Mit meiner Angststörung lösten sich gleichzeitig auch einige der übermächtigen Zwänge, weshalb ich seitdem praktisch keine tiefen Depressionen mehr habe. Gesund war ich damit aber noch nicht. Immerhin hatte ich bis dahin fast mein ganzes Leben an schweren psychischen Störungen gelitten, die ihre Ursache in unheilvollen Verhaltensweisen hatten. Um wieder so weit als nur irgend möglich heil zu werden, musste ich erst noch lernen, achtsam mit meinen Gefühlen umzugehen. Statt meiner bisherigen ungesunden musste ich neue, gesündere Lebensgewohnheiten entwickeln.

Auf meinem Heilungsweg habe ich die spirituelle Kraft der Atemmeditation dann erst im Frühjahr 2014 bewusst entdeckt. Ab da habe ich das achtsame Atmen immer mehr eingeübt und vertieft. Schritt für Schritt lernte ich, unangenehmen Gefühlsregungen in der Meditation nachzuspüren und diese anzunehmen, um sie so heilsam zu verwandeln.

Mich hat mein spiritueller Weg des achtsamen Atmens also weitgehend gesund gemacht. Das

Meditieren ist aber nicht nur für Menschen gedacht, die nachweislich an schweren psychischen Störungen leiden. Unabhängig davon steht diese spirituelle Praxis tatsächlich allen suchenden Menschen offen. Sie ist grundsätzlich ein nützliches Mittel, das mich in Berührung mit meiner Gefühlswelt bringt. Auch mache ich mich durch die Meditation mit den Bedürfnissen meines Geistes vertraut. Letztlich handelt es sich dabei um eine Art geistiges Fitness-Training. Es geht vor allem darum, für das Hier und Jetzt wach zu werden, um so zufriedener und glücklicher leben zu können.

Wer sich allerdings, so wie ich, als religiöser Mensch begreift, den wird der spirituelle Weg der Atemmeditation wohl zwangsläufig über das Hier und Jetzt hinausführen. Auf diese Erfahrungen, welche dann den Bereich des Glaubens berühren, wollte ich in diesem Buch absichtlich nicht eingehen. Davon zu erzählen, wird sicherlich an anderer Stelle wieder einmal Gelegenheit sein.

Georg Bauer

LITERATUR

Harald Banzhaf und Stefan Schmidt: *Meditieren heilt, Vorbeugen und gesund werden durch Achtsamkeit*, Freiburg im Breisgau: Herder Verlag, 2018.

Dudenredaktion (Hrsg.): *Meditieren,* in *Duden 7 – Etymologie der deutschen Sprache*, 6. Aufl. Berlin: Bibliographisches Institut, 2020.

Anselm Grün und Ramona Robben: *Grenzen setzen – Grenzen achten, Damit Beziehungen gelingen – Spirituelle Impulse*, 11. Aufl. Freiburg im Breisgau: Herder Verlag, 2015.

Mit freundlicher Genehmigung der PRONG PRESS, Embrach, CH ist die Erzählung von den zwei Müttern auf Seite 67 entnommen aus:
Sandy Taikyu Kuhn Shimu: *Mit Buddha Tee trinken, Eine Einführung in die chinesische Teezeremonie*, Darmstadt: Schirner Verlag, 2011.

Yongey Mingyur Rinpoche mit Eric Swanson: *Buddha und die Wissenschaft vom Glück*, 4. Aufl. München: Arkana Verlag, 2007.

Yongey Mingyur Rinpoche mit Helen Twarkow: *Werde ruhig wie ein tiefer See, Ngöndro – Die grundlegenden Übungen des tibetischen Buddhismus*, München: Arkana Verlag, 2015.

GEORG BAUER

Der Name Georg Bauer ist mein Pseudonym als Autor. Dennoch möchte ich Dich, liebe Leserin, lieber Leser, nicht gänzlich im Unklaren über meine Person lassen.

Geboren wurde ich 1973 in Regensburg. Aufgewachsen bin ich in der südlichen Oberpfalz. Nach meinem Studium an der Universität Regensburg arbeite ich heute als Lehrer in Mittelfranken.

In meinen Büchern schreibe ich teilweise sehr persönlich über meine Erfahrungen. Dabei ist es mir wichtig, ganz bewusst auch tiefe Einblicke in meine Gedankenwelt zu gewähren. Diese große Nähe verträgt sich jedoch schlecht mit meiner Stellung als Lehrer. Aus diesem Grund möchte ich als Autor bis auf Weiteres erst einmal anonym bleiben.

Wenn Du mehr über mich, mein Denken und weitere geplante Veröffentlichungen erfahren möchtest, empfehle ich Dir, meine Informationsseite im Internet zu besuchen.

www.georgbauer.info

Georg Bauer

ATME &
VERÄNDERE
DIE WELT

Von der Überwindung der
spirituellen Krise

tredition

Georg Bauer

Atme & verändere die Welt

Von der Überwindung der spirituellen Krise

Alle Spiritualität beginnt mit dem achtsamen Atmen. Leider jedoch achten viele Menschen nicht auf ihre Atmung. Wenn ich nicht gelernt habe, achtsam zu atmen, dann verfüge ich unter Umständen nicht über innere Ruhe. Ohne innere Ruhe aber werde ich leicht zum Spielball meiner Gefühle. Es ist mir unmöglich, meinen Geist von meinem emotionalen Empfinden zu trennen. Nicht der Geist bestimmt mein Verhalten. Vielmehr werde ich von meinen Gefühlen beherrscht. Meine innere Unruhe kann ich nicht auflösen. Sie wirkt unkontrolliert auf mein Denken, Reden und Tun.

Fehlt es meinem Geist an Gelassenheit, so fühle ich mich getrieben. Entsprechend ruhelos verhalte ich mich. Meine innere Anspannung äußert sich als Umtriebigkeit. Infolgedessen überträgt sich meine Unrast auf meine Mitmenschen. Ich versetze auch diese in Unruhe. Ich trage meine Ruhelosigkeit in die Welt. Wie das ewige Wogen der Wellen die Meere bewegt, so wird die ganze Menschheit von ihrer inneren Unruhe in Bewegung gehalten.

Durch mein achtsames Atmen kann ich einen wertvollen persönlichen Beitrag dazu leisten, zumindest einen kleinen Teil dieser schier unerschöpflichen Unrast aufzulösen. Würden wir alle lernen, achtsam zu atmen, dann könnte sich die aufgewühlte Rastlosigkeit der Menschheit legen. Die Welt wäre nach einiger Zeit ein friedlicher Ort!